FALKEN
BÜCHEREI

Walter Giller

Locker vom Hocker

Witzige Sketche zum Nachspielen

FALKEN VERLAG

In der gleichen Reihe sind erschienen:
»Witzige Sketche zum Nachspielen« (Nr. 0511), »Lustige Sketche« (Nr. 0669), »Vergnügliche Sketche« (Nr. 0476), »Sketche und spielbare Witze« (Nr. 0445), »Dalli-Dalli-Sketche« (Nr. 0527).

CIP-Kurztitelaufnahme der Deutschen Bibliothek

Giller, Walter:
Locker vom Hocker: witzige Sketche zum Nachspielen / Walter Giller. – Niedernhausen/Ts: Falken-Verlag, 1986.
(Falken-Sachbuch)
ISBN 3-8068-4262-0

ISBN 3 8068 4262 0

Titelbild: Gerhard Schmidt, Filmproduktion Köln
Szenarische Bearbeitung: Edu R. Wimmer, München
Zusätzliche Texte: Wilfried Wiedt, Krefeld
Zeichnungen: Ulrich Bender, Siegen
Regieklappen: Zora Davidović, Wiesbaden

Satz: H. G. Gachet & Co., 6070 Langen
Druck: Franz Spiegel Buch GmbH, Ulm

817 2635 4453 6271

»LOCKER VOM HOCKER«, eine ZDF-Serie in 28 Folgen mit Walter Giller, Brigitte Mira, Hubert Suschka, Elisabeth Volkmann, Nadja Tiller, Barbara Schöne, Anita Kupsch, Jochen Busse, Hans Clarin, Rainer Basedow, Ernst Hilbich, Lotti Krekel, Günther Ungeheuer, Sabine Postel, Johanna König, Klaus Höhne, Wolfgang Masur, Frank Zander, Josef Meinertzhaben, Otto Tausig, Barbara Valentin, Andrea Rau, Uschi Buchfellner, Hans Schulze, Helen Vita, Werner Brehm, Rudolf Liecke, Gert Burkard, Chris Howland, Tana Schanzara, Freddy Quinn, Helmut Bendt, Karl Dall, Matias Bleckmann u. v. a.

Ton: Hardy Hardt, Uwe Kersken, Udo Steinke; Bildtechnik: Siegfried Woiwode, Hans Mick; Tonmischung: Rob Rijnders, TBS Köln; Musikalische Arrangements: Manfred Schoof, Claudio Szenkar; Kamera: Helmut Meyer, Peter Braumüller; Choreografie: Jochen Ulrich, Tanzforum Köln; Schnitt: Dagmar Rijnders, Dagmar Lichius, Nicole Rahmanan; Regieassistenz: Mika Kallwass, Micha Terjung, Barbara Riek, Cordula Peters; Maske: Horst Bonk, Eva Böll, Horst Allert, Derrick Bosch; Ausstattung: Norbert Scherer, Agnette Schlößler, Wolfgang Küchler, Ralf Tellenbach, Achim Feles, Sigi Dehmel; Kostüme: Gralf-Edzard Habben, Isabel Oebel, Dani Schneider-Wessling, Elisabeth Strauss, Yvonne Monnier; Aufnahmeleitung: Peter Gehring, Margit Bauer, Rolf Grund; Produktionsleitung: Klaus Rettig, Friederike Zerna; Redaktion: Martin Kazmaier; Regie: Gerhard Schmidt; eine Produktion von Gerhard Schmidt, scripts and films, Produktion Köln, hergestellt im Auftrag des ZDF.

Inhaltsverzeichnis

Vorwort

»LOCKER VOM HOCKER« – so steht es im berühmten »Buch der geflügelten Worte« – ist nicht nur eine lockere Redensart, sondern auch eine bekannte Sendung mit mir, mit Walter Giller.

Die kleine Show hat nun im ZDF schon das verflixte siebente Jahr erreicht und wird immer noch von all denen gern gesehen, die mich und meinen Humor mögen. Doch was immer mir meine Feinde auch zutrauen mögen – nicht alles in dieser Sendung ist von mir. Doch vieles könnte von mir sein, denn ich liebe die »feine englische Art«, die andere zum Lachen, zum Weinen, zum Kopfschütteln oder gar zum Kopfstand bringt.

Sie wollen also für sich oder für Ihre Freunde oder für Ihren Verein zu Weihnachten, zu Silvester, in den närrischen Tagen – oder einfach mal so, einen Sketch aus »Locker vom Hocker« spielen. Damit haben Sie bestimmt großen Erfolg. Denn vor Ihnen sitzen Menschen aus Fleisch und Blut und keine Fernsehkritiker . . .

Um einen Sketch zu spielen braucht man nicht viel. Obwohl es zu Hause schwieriger sein kann als im Fernsehstudio. Denn die Augen der Schwiegermutter sind kritischer als jede Fernsehkamera. Aber warum sollte man eigentlich das, was man als Kind schon konnte, später im Leben nicht mehr können?

Aus Hunderten von Sketchen habe ich für Sie die ausgewählt, die Sie – so meine ich – am einfachsten nachspielen können. Sie brauchen dazu weder Vorhang noch Drehbühne, und auch wenn Sie filmen wollten, brauchen Sie keine besonderen Tricks. Nicht mal ein Bühnenbild ist dazu erforderlich! Wollen Sie etwa einen »Doktor-Sketch« nachspielen, können Sie mit ein paar Handgriffen erreichen, daß es bei Ihnen wie im Wartezimmer eines Arztes aussieht – nur hoffentlich etwas geschmackvoller.

Auch wenn meine Devise lautet: »Es bleibt schwierig« – probieren Sie's! Freunde zu unterhalten oder ihnen auch mal durch die Blume die Meinung zu sagen ist leichter, als man glaubt. Auch wenn nicht jeder Burgschauspieler werden kann – ein Kammer-Komödiant steckt auch in Ihnen!

Ich wünsche Ihnen toi, toi, toi!

Ihr
Walter Giller
86

Szenen aus dem Eheleben

*»Hör auf mich zu treten!
Schließlich ist es nicht meine Schuld,
daß wir verheiratet sind.«*

Mißglückte Hochzeit

Drum prüfe, wer sich ewig bindet . . .

Spieldauer: ca. 3 Minuten

2 Personen: Braut, Bräutigam

Raumausstattung und Requisiten: Dieser Sketch kann überall aufgeführt werden. Der Spielort sollte lediglich durch eine Tür zu betreten und zu verlassen sein.
Bitten Sie jemandem im Publikum mit dem Blitz eines Fotoapparates ein Lichtgewitter zu erzeugen. In verdunkelten Räumen erzielen Sie denselben Effekt durch An- und Ausknipsen von mehreren Bürolampen.

Kostüme: Die *Braut* sollte nach Möglichkeit ein klassisches, weißes Brautkleid mit Schleier tragen, dazu Make-up und eine festliche Frisur, und in der Hand einen Blumenstrauß halten.
(Fragen Sie in Ihrem Bekanntenkreis danach – Brautkleider finden meist nur einmal Verwendung. Ansonsten können Sie jedes weiße Kleid mit etwas Tüll so herrichten, daß es wie ein Brautkleid aussieht.)
Der *Bräutigam* trägt einen dunklen, festlichen Anzug mit weißem Hemd und Fliege. Er kann aber genauso gut klassisch, d. h. mit Frack und Zylinder auftreten.

Regie-anweisungen: Lassen Sie vor Beginn des Sketches über eine Musikanlage den Hochzeitsmarsch abspielen (auf Schallplatte und Musik-Cassette erhältlich) und blenden Sie langsam aus, sobald das Brautpaar die Spielfläche betritt.
Die *Darsteller* stehen nebeneinander, mit dem Gesicht zum Publikum und lächeln gequält imaginären Fotografen zu.
Beim Abgang des Paares kann wieder Musik unterlegt werden.

Eröffnungs-szene: Ein Brautpaar betritt die Spielfläche. Der Bräutigam hat sichtlich Mühe, die strampelnde und vor Wut schnaubende Braut vorwärts zu zerren. Blitzlichter treffen die beiden. Er klemmt ihren Arm fest unter den seinen und stellt sie ruhig:

Bräutigam: *(mit aufgesetztem Lächeln)*
»Lächeln, liebe Olga, lächeln!«
(Sie zappelt und tritt nach ihm)
»Nicht treten – lächeln!«

Braut: *(aggressiv)*
»Ich wüßte nicht, warum ich lächeln sollte.«

Bräutigam: »Weil Jungvermählte immer lächeln – ob es Dir nun paßt oder nicht, wir sind auf alle Fälle jetzt jungvermählt.«
(Sie tritt wieder nach ihm)
»Hör auf, mich zu treten! Schließlich ist es nicht meine Schuld, daß wir verheiratet sind.«

Braut: *(gereizt)*
»Glaubst Du vielleicht meine?!«
(Sie tritt ihn)
»Und irgendeiner muß ja wohl der Sündenbock sein!«
(Sie tritt ihn nochmals)

Bräutigam: *(verteidigt sich)*
»Ich wollte überhaupt nicht auf diese Hochzeit gehen – und Trauzeuge wollte ich erst recht nicht sein. Aber Achim hat so darauf bestanden!«

Braut: *(schnippisch)*
»Das dürfte wohl jetzt piepegal sein! Du warst damit einverstanden, Trauzeuge zu sein, und deswegen hättest Du auch Trauzeuge bleiben und rechts neben Achim stehen sollen!«

Bräutigam:	*(rechtfertigt sich)* »Aber Achim hat gesagt, daß ich mich links neben ihn hinstellen soll!«
Braut:	*(beharrlich)* »Aber Trauzeugen stehen immer rechts!«
Bräutigam:	»Und warum hat er dann gesagt, ich soll mich links hinstellen?«
Braut:	*(genervt)* »Weil Achim ein Linkshänder ist und er manchmal rechts und links verwechselt! So etwas weiß man doch von seinem besten Freund!«
Bräutigam:	»Trotzdem glaub' ich, daß Dein Vater an allem schuld ist.«
Braut:	*(böse)* »Laß meinen Vater aus dem Spiel!«
Bräutigam:	»Dein Vater hätte Dich doch bloß auf die andere Seite nehmen müssen . . .«
Braut:	*(spinnt den Gedanken weiter und spöttelt)* ». . . dann wärst Du jetzt mit meinem Vater verheiratet! *(Sie zieht wieder ein ernstes Gesicht)* Wir hätten protestieren sollen!«
Bräutigam:	»Und warum hast Du dann nicht protestiert?«
Braut:	*(aufgebracht)* »Du hättest protestieren sollen!«
Bräutigam:	»Wieso ich? Das war ja alles nicht meine Angelegenheit! Schließlich war es doch Deine Hochzeit!«
Braut:	*(spöttisch)* »Wie es aussieht, war es ebensogut Deine.«
Bräutigam:	*(resigniert)* »Ja – aber ungewollt!«

Braut: *(erregt)*
»Ungewollt! Warum hast Du dann gesagt:
Ja, ich will!?«

Bräutigam: »Weil Du mich in die Rippen geboxt hast!«

Braut: »Aber ich habe doch geglaubt, Du wärest Achim gewesen!«

Bräutigam: »Aber Achim stand doch neben mir!«

Braut: »Das konnte ich doch durch den Schleier nicht sehen!«

Bräutigam: »Und warum hat Achim dann nichts gesagt?«

Braut: »Du kennst ihn doch – der kriegt seinen Mund nicht auf!«

Bräutigam: *(versöhnlich)*
»Naja. Eigentlich ist es ganz gut, daß Achim seinen Mund nicht aufkriegt.«
(Er lächelt sie an. Sie regt sich ab, lächelt zurück und gesteht)

Braut: »Wenn ich ehrlich bin, bist Du mir auch viel lieber als Achim.«
(Sie schlägt verschämt die Augen nieder)

Bräutigam: *(erfreut)*
»Du mir auch!«
(Sie lacht über seinen Scherz)
»Wir haben nur noch ein Problem aus der Welt zu schaffen.«
(Ihr Lachen verstummt)

Braut: *(neugierig)*
»Was für ein Problem denn?«

Bräutigam: *(zuckt hilflos die Achseln)*
»Wie bringen wir das bloß meiner Frau bei?!«
(Sie begreift und setzt zu einem sirenenartigen Heulton an und jagt ihn schlagend hinaus)

Privatkorrespondenz

Was mich angeht, geht Dich noch lange nichts an!

Spieldauer: ca. 5–6 Minuten

2 Personen: das Ehepaar Herbert und Elisabeth

Raumgestaltung und Requisiten: Sie brauchen als Requisit lediglich einen mehrseitigen Brief in einem bereits aufgeschnittenen Umschlag.
Der Sketch kann in jedem beliebigen Raum aufgeführt werden, z. B. in einer Wohnküche, wo ein Tisch und ein bis zwei Stühle stehen. Achten Sie darauf, daß die Szenerie bewohnt aussieht, d. h. stellen Sie Gebrauchsgeschirr oder eine Blumenvase nebst alten Zeitschriften auf den Tisch.

Kostüme: Für diesen Sketch sind keine besonderen Kostüme notwendig. *Herbert* sollte lediglich bequeme Hauskleidung tragen, evtl. Hauspantoffeln, in jedem Fall aber ein weißes Hemd und einen Pullover, unter dem er einen Brief verbergen kann.
Elisabeth sollte nicht zu bieder gekleidet sein, sondern durch modische Kleidung ein gewisses Selbstbewußtsein signalisieren. Beim Hereinkommen sollte sie einen Mantel oder eine Jacke ablegen, um anzudeuten, daß sie von draußen kommt.

Regieanweisungen: Der Darsteller des *Herbert* leitet den Sketch mit einer Pantomime ein, d. h. er bekundet durch Gestik und Mimik ein starkes

Interesse an dem Inhalt des Briefes. Den Lesevorgang sollte er mit Kopfschütteln oder -nicken, sowie durch süffisante Lautäußerungen begleiten und dadurch Spannung erzeugen. Hektische Blicke über die Schulter sollen deutlich machen, daß er beim Lesen des Briefes nicht überrascht werden will.
Elisabeths erster Satz sollte überraschend sein und wenn möglich, aus einem Nebenraum kommen. Sie sollte selbstsicher ironisch, stellenweise akzentuiert gebieterisch sprechen und auftreten, im Gegensatz zu Herbert, der eher den kleinlauten Pantoffelhelden markiert.
Studieren Sie die »körperlichen Auseinandersetzungen« gut ein, in Hinblick darauf, daß diese echt wirken sollen, aber keinesfalls zu Verletzungen führen dürfen.
Herbert sollte seinen letzten Satz ans Publikum richten und seinen schmerzverzerrten Gesichtsausdruck für einen Augenblick beibehalten (im Fachjargon »einfrieren lassen«), um das Ende des Sketches zu signalisieren.

Anmerkungen: Besetzen Sie den Sketch mit einem richtigen Ehepaar und ersetzen Sie die Namen *Herbert* und *Elisabeth* durch die wirklichen Namen. Sie steigern dadurch die Komik, weil die Darsteller mit dem Dargestellten identifiziert werden – die Grenze zwischen Schauspiel und Wirklichkeit verschwimmt.

Eröffnungsszene: Ein Mann betritt die Spielfläche, setzt sich an den Tisch, zieht hastig den mitgebrachten Brief aus dem Umschlag und beginnt eifrig darin zu lesen. Plötzlich tritt Elisabeth, seine Frau, herein und flötet:

Elisabeth: »Hallo Schatz! Ich bin wieder da!«
(Herbert zuckt zusammen, stopft den Brief unter seinen Pullover und versucht möglichst gleichgültig auszusehen)

Herbert: »Hallo, mein Liebling! Du bist aber früh zurück.«

Elisabeth: »Ja, was hast Du denn da?«

Herbert: *(schaut unbeteiligt in die Luft)*
»Nichts.«

Elisabeth: »Ich meine, was Du da gelesen hast?«

Herbert: *(scheinheilig)*
»Ich? Nichts, wieso?«

Elisabeth: »Von wegen! Das Stück Papier da!«
(Sie deutet auf ein Stück des Briefes, das unter seinem Pulli hervorschaut)

Herbert: »Wo?«
(blickt an sich hinunter)
»Das ist kein Papier.«

Elisabeth: »Aber es ist weiß!«

Herbert: »Das ist mein Hemd.«

Elisabeth: »Aha! Dein Hemd ist also neuerdings beschriftet.«
(Sie blickt ihn streng an – er zieht verlegen den Pullover stramm)

Herbert: »Na ja, ich schreibe gerade ein Buch: Literatur und Hemden!«

Elisabeth: »Das ist ein Brief!«

Herbert: *(schüttelt den Kopf)*
»Nein.«

Elisabeth: »Es ist ein Brief, ich weiß es!«

Herbert: *(bockig)*
»Es ist kein Brief ... und wenn schon, das wäre doch nicht schlimm, oder?«

Elisabeth: *(geht auf ihn zu und macht eine fordernde Handbewegung)*
»Zeig' mir den Brief!«

Herbert: *(weicht zurück)*
»Nein, das ist ein Privatbrief.«

Elisabeth: *(streng)*
»Herbert, zeig' ihn her!«

Herbert: »Nein, es handelt sich dabei um eine Privatangelegenheit!«

Elisabeth: »Herbert, ich will diesen Brief lesen!«

Herbert: *(entrüstet sich)*
»Du willst meine Privatkorrespondenz lesen?«

Elisabeth: »Und ob ich das will, schließlich bin ich Deine Frau!«

Herbert: »Soll das heißen, daß Du deswegen Deine Nase in all meine Privatangelegenheiten stecken darfst?«

Elisabeth: »Das soll heißen, daß ich Deine Privatangelegenheit bin – oder zumindest sein sollte. Gib den Brief jetzt her!«

Herbert: *(zieht den Brief hervor und verbirgt ihn hinter seinem Rücken)*
»O nein! Du kriegst ihn nicht! Ich weiß zwar, daß der Trauschein eine Art Freibrief ist für alle Dinge, die man sonst nicht tun darf, aber daß das Lesen von Privatbriefen dazugehört, ist mir neu!«

Elisabeth: *(wendet sich kurz beleidigt ab)*
». . . und ich habe immer geglaubt, daß wir keine Geheimnisse voreinander hätten . . .«

Herbert: »Soso, das hast Du also geglaubt.«
(Herbert lächelt zynisch, sie wird wütend und greift ihn an)

Elisabeth: »Ja, und nun gib mir endlich den Brief!«

Herbert: *(wehrt sich)*
»Nein – nein, Elisabeth – nein!«

Elisabeth: *(erwischt den Brief)*
»Aha, ich hab ihn!«

Herbert: *(versucht den Brief wiederzubekommen)*
»Nein – bitte nicht – lies ihn bitte nicht!«

Elisabeth: *(bringt den Brief in Sicherheit)*
»Ich nehme an, er ist von einer Frau . . .«
(Sie schaut ihn prüfend an)

Herbert: *(setzt sich resignierend)*
»Nein, bestimmt nicht! Er ist von . . .«

Elisabeth: *(wartet seine Rechtfertigung nicht ab)*
»Wollen wir doch mal sehen . . .
(Sie überfliegt den Brief und reagiert plötzlich heftig)
. . . aber das ist ja ein Brief an mich – einer meiner persönlichen Briefe! Du wagst es, meine Briefe zu lesen?!«

Herbert: *(weicht verängstigt in seinen Stuhl zurück und haspelt)*
»Ich hab's nur getan, weil ich weiß, daß es Dir egal ist . . .«

Elisabeth: »Mir egal?«
(Sie schlägt ihm den Brief um die Ohren und brüllt)
»Wie kommst Du darauf, daß es mir egal sein könnte?! . . . es ist mir nicht egal, wenn Du meine Privatpost liest!«

Herbert: *(hält ihren Arm fest, während sie sich zu befreien versucht)*
»Aber Du sagst doch immer, wir dürfen keine Geheimnisse voreinander haben. Du bist doch diejenige, die behauptet, Privatkorrespondenz unter Ehepaaren gibt es nicht.
(Sie stößt erboste Laute aus)
. . . und ich wußte doch, daß es Dir nichts ausmacht.
(Sie schnaubt)
Wenn ich nicht sicher gewußt hätte, daß es Dir egal ist, hätte ich niemals Deinen Schreibtisch aufgebrochen und Deine Briefe durchstöbert . . .«
(Sie stampft auf seinen Fuß, er zuckt zusammen und läßt ihren Arm los. Sie schlägt ihm noch einmal kurz den Brief um die Ohren und verläßt schnaubend den Raum)

Herbert: *(reibt sich den schmerzenden Fuß und meint kleinlaut mit verquältem Gesicht)*
»Ich glaub', es ist ihr nicht egal . . .«

Immer Ärger mit der Grammatik

Schlechtes Deutsch kann tödlich sein!

Spieldauer: ca. 4 Minuten

2 Personen: Mann, Frau

Raumausstattung und Requisiten: Der Sketch spielt in einem bürgerlichen Eßzimmer. Sie brauchen einen Tisch und zwei Stühle. Der Tisch ist mit einer Tischdecke gedeckt, darauf stehen: zwei Suppenteller und Eßbesteck, eine Suppenterrine mit Schöpflöffel und ein Korb mit Brot und Käse.
Wichtigstes Requisit ist ein Spielzeugrevolver mit mindestens zwei Schuß, den die Frau in ihrer Schürzentasche trägt.

Kostüme: Der *Mann* kommt von der Arbeit nach Hause und trägt einen Mantel und eine Aktentasche in der Hand. Bekleidet ist er mit einem korrekten Anzug, Hemd und Krawatte. Darunter verbirgt er seine »kugelsichere Weste«. Nehmen Sie dafür einen alten Pullover, den Sie mit Silberspray einfärben.
Die *Frau* hat ein hausfrauliches Aussehen. Sie ist nicht geschminkt und schlecht frisiert. Sie trägt bequeme Hauspantinen, ein einfaches Kleid und darüber eine Kittelschürze.

Regie-anweisungen: Der *Mann* soll durch und durch ein Pedant sein, was sowohl durch überpräzise Aussprache, als auch durch häufige Korrekturgesten zum Ausdruck kommt. Er rückt sich z. B. seinen Stuhl so zurecht, daß er im rechten Winkel zum Tisch sitzt – er faltet seinen Mantel sorgfältig, bevor er ihn ablegt, er sitzt aufrecht und korrigiert Teller und Eßbesteck, bevor er es aufnimmt, usw. . . .

Die *Frau* verkörpert das Gegenteil: Sie geht schlampig und spricht nachlässig, ihre Kleidung ist verknittert, sie wischt sich gelegentlich eine Haarsträhne aus dem Gesicht, usw. . . . Sie fürchtet sich vor ihrem Mann, was sie durch ängstlichen Gesichtsausdruck und unterwürfige Körperhaltung ausdrückt. Das »Plumpsgeräusch« des umfallenden Körpers kann im Nebenraum durch einen umfallenden Stuhl erzeugt werden.

Eröffnungs-szene: Eine Frau deckt den Abendbrottisch. Sie bringt eine Suppenterrine und gießt die Suppe ein. Ein Mann mit Aktentasche und Mantel kommt herein und spricht zum Publikum:

Mann: »Meine Frau . . .
(Er deutet nach hinten)
meine Frau ist leider etwas schlampig – besonders im Umgang mit der deutschen Sprache – und das kann ich auf den Tod nicht leiden!«

Frau: *(unterbricht ihn)*
»Komm Liebling, die Suppe ist auf dem Tisch!«

Mann: *(reißt die Augen auf und meint zum Zuschauer)*
»Na, haben Sie das gehört – die Suppe ist auf dem Tisch!«
(Er wendet sich um und meint zu seiner Frau)
»Wirklich Liebling – ich hatte gehofft, sie wäre in der Schüssel und nicht auf dem Tisch!«

Frau: *(verbeißt sich eine Reaktion und meint beschwichtigend)*
»Ja, ist ja gut.«
(Der Mann setzt sich und schnüffelt mißtrauisch in der Luft)

Mann: »Was riecht denn hier so angebrannt?«

Frau: »Tut mir leid, aber der Herd funktioniert nicht richtig, die Platte ist ein bißchen verbrannt.«

Mann: *(ironisch sanft)*
»Nein, mein Schatz! Nicht die Platte ist ein bißchen verbrannt, sondern das Essen!«

Frau: *(leicht verärgert)*
»Ja ja, schon gut!«
(Sie schiebt ihm einen Korb hin)
»In dem Korb ist Brot und Käse, wenn Du willst.«

Mann: *(aufreizend ruhig)*
»Ich nehme an, daß in dem Korb auf jeden Fall Brot und Käse sind – Mehrzahl – auch dann, wenn ich es nicht will. Du kannst daraus keinen Konditionalsatz machen.«
(Er beginnt seine Suppe zu löffeln)

Frau: *(verdreht genervt die Augen)*
»Ich weiß, ich weiß, die Grammatik ist eben nicht meine Stärke. Außerdem ist heute ein schlechter Tag!«
(Sie läßt sich auf ihren Stuhl fallen)

Mann: *(stichelt)*
»Ich bezweifle sehr, daß es der Tag ist, der da so schlecht ist.«

Frau: *(beißt sich auf die Lippen und meint aufsässig)*
»Außerdem hat der Wagen eine Beule!«
(Der Mann stutzt und hält mit dem Essen inne)
»Aber ich war nicht schuld. Ein Bus kam mir entgegen, ich mußte ausweichen, und da kam ein Laternenpfahl auf mich zu!«

Mann: *(streng)*
»Ich schlage vor, daß Du es gewesen bist, die dem Laternenpfahl zu nahe kam! War es denn nicht möglich, diesem Pfahl mit deinem Auto auszuweichen, oder besser – mit meinem Auto auszuweichen?«

Frau: *(wütend)*
»Weder ich noch Du bist ein guter Fahrer!«

Mann: *(scharf)*
»Weder Du noch ich sind gute Fahrer – außer mir natürlich!«

Frau: *(trotzig)*
»Auf jeden Fall hat das Auto vor mir falsch geblinkt!«

Mann: *(lehrmeisterlich)*
»Autos, mein Schatz, können nicht selbständig handeln, es sei denn, sie hätten sich, seit ich sie zum letzten Mal gesehen habe, einige Millionen Jahre weiterentwickelt. Es war wohl der Fahrer, der falsch geblinkt hat ...«
(Die Frau springt vor Wut auf)

Frau: *(schreit)*
»Ich halte das nicht mehr aus! Alles was ich sage, mußt Du in Deiner widerlichen Art korrigieren. Du ...!«

Mann: *(arrogant)*
»Schrei' bitte nicht so, es besteht gar kein Grund dazu!«

Frau: *(brüllt)*
»Ich schreie aus Verzweiflung, siehst Du das denn nicht?!!«
(Sie schluchzt)

Mann: *(unbeeindruckt)*
»Wenn man es genau nimmt, ist ein Schrei etwas, das man hört, nicht etwas, das man sieht. Ein einfacher grammatikalischer Fehler!«
(Die Frau bebt vor Wut)

Frau: *(entschlossen)*
»Ich bring Dich um!«
(Sie zieht einen Revolver aus ihrer Schürzentasche und schießt auf ihn)
»Halt Dein Maul für immer!«
(Er sackt zu Boden, sie wird sich ihrer Untat bewußt und stürzt sich weinend auf ihn)
»O Gott, was hab ich getan! Er war doch mein Mann! Er war zwar nicht nett, aber er hatte immer so recht ...«
(Der Mann rappelt sich wieder hoch, setzt sich, als ob nichts gewesen wäre. Sie starrt ihn ungläubig an)

Mann: *(zynisch)*
»Liebling, du hast die Vergangenheitsform gebraucht, und das war nicht richtig. Es heißt:

Ich habe immer recht. Man benutzt da die Gegenwartsform, wie z. B. ›Darauf bin ich vorbereitet‹ oder ›Ich trage eine kugelsichere Weste‹!«
(Er öffnet sein Hemd und präsentiert genüßlich seine kugelsichere Weste)

Frau: *(erholt sich aus aus ihrer Erstarrung und schreit verzweifelt)*
»Dann erschieße ich mich eben selber – Auf Wiedersehn!«
(Sie läuft schluchzend aus dem Zimmer)

Mann: *(beachtet sie nicht weiter und meint nachdenklich)*
»Eigentlich müßte sie da Lebewohl sagen. Auf Wiedersehn heißt, daß sie noch einmal wiederkommt, und das entspricht ja wohl nicht ganz der Tatsache . . .«
(Man hört aus dem Nebenzimmer einen Schuß und das Fallen eines Körpers. Der Mann wendet sich triumphierend zum Publikum)
»Und wieder einmal hatte ich recht!«

Ende

Reisepläne

Ich geh' mit Dir wohin Du willst, sofern ich auch dahin will!

Spieldauer: ca. 2 Minuten

3 Personen: ein Ehepaar,
ein(e) Angestellte(r) eines Reisebüros

Raumausstattung und Requisiten: Sie benötigen für diesen Sketch einen Stuhl und einen Tisch, den Sie zu einem Reisebüroschalter umdekorieren.
Besorgen Sie sich aus einem Reisebüro Prospekte und hängen Sie diese an der Tischkante und evtl. an der Wand, vor der Sie spielen auf. Legen Sie Kataloge und Papiere auf den Tisch, ebenso Schreibzeug und, wenn vorhanden ein Telefon.
Im einfacheren Fall genügt ein Schild mit der Aufschrift »Reisebüro«.

Kostüme: Der oder die *Angestellte* sollte normale Bürokleidung und ggf. eine Brille tragen.
Für das *Ehepaar* wählen Sie am besten gewöhnliche Straßenbekleidung mit Mantel und Hut. Geben Sie der Frau einen Regenschirm in die Hand, mit dem sie Drohgebärden ausführen kann. Um die Frau deutlich als Matrone zu kennzeichnen, können Sie ihr zusätzlich Kissen unter den Mantel stopfen, um ihrer Erscheinung das nötige »Gewicht« zu verleihen.

Regie-anweisungen: Die *Wirkung* des Sketches beruht darauf, daß von vorneherein deutlich ist, daß der Mann bei seiner Frau unter dem sprichwörtlichen »Pantoffel« steht.

Um ihre Dominanz zu unterstreichen, sollte die Darstellerin der *Frau* deshalb einen strengen, unerbittlichen Gesichtsausdruck, einen festen Gang und eine aufrechte, diktatorische Haltung verleihen.

Der *Mann* hingegen sollte einen unsicheren Eindruck vermitteln, d. h. einen vorsichtigen Gang, mit leicht gebeugter Haltung haben und seine schüchterne Sprechweise mit hilflosen Gesten und einem nervösen, verängstigten Mienenspiel unterstreichen. Der plötzliche Mut, in Gegenwart seiner Frau »getrennte Schiffe« zu verlangen, soll überraschend kommen; der letzte Satz sollte folglich laut und sicher ausgesprochen und durch einmaliges Kopfnicken bekräftigt werden.

Eröffnungs-szene: Eine Matrone tritt ein, etwas dahinter ihr Ehemann in geduckter Haltung – offensichtlich ein Pantoffelheld. Sie herrscht ihn an:

Frau: »Alfred! Komm jetzt!«
(Beide treten auf die Angestellte des Reisebüros zu)

Angestellte: »Guten Tag! Was kann ich für Sie tun?«
(Die Frau rempelt ihren Mann an und meint gebieterisch)

Frau: »Alfred! Sag' der Dame, was Du willst!«

Mann: *(fragt ungläubig nach)*
». . . was ich will?«

Frau: *(streng)*
». . . was wir wollen!«

Mann: *(artig)*
»Wir hätten gerne eine Reise gebucht.«

Angestellte: »Dachten Sie dabei an eine Bahn-, Flug- oder Schiffsreise?«

Mann: »Ich dachte an eine Flug- . . .
(Frau unterbricht ihn durch Rempeln und zieht eine strenge Miene – er spricht kleinlaut weiter)

. . . meine Frau und ich dachten an eine Schiffsreise – an eine Kreuzfahrt!«
(kontrolliert ängstlich, ob seine Frau zufrieden ist)

Angestellte: »Ja, da kann ich Ihnen eine Reise durch das Nordmeer anbiebieten . . .«
(Frau rempelt ihren Mann, der unterbricht)

Mann: ». . . meine Frau dachte mehr an das Mittelmeer.«

Angestellte: »Da haben wir ein reichliches Angebot. Haben Sie dabei irgendwelche besonderen Wünsche?«
(Frau rempelt Mann)

Mann: »Tja, meine Frau fühlt sich nachts durch mein Schnarchen so gestört. Sie hätte gerne getrennte Betten, – wenn es geht?!«

Angestellte: »Getrennte Betten? Natürlich geht das! . . . aber da würde ich doch gleich getrennte Kabinen vorschlagen.«

Mann: »Getrennte Kabinen – ach, das ist auch möglich?«

Angestellte: »Bei uns ist alles möglich!«

Mann: *(ungläubig)*
». . . alles?«

Angestellte: »Ja, natürlich!«

Mann: *(triumphierend)*
»Dann hätte ich gerne getrennte Schiffe!«
(Die Frau schnaubt vor Wut)

Jugendsünden sollte man rechtzeitig begehen

Spieldauer: ca. 1 1/2 Minuten

2 Personen: ein älteres Ehepaar

Raumausstattung und Requisiten: Dieser Sketch ist an jedem beliebigen Ort aufzuführen. Spielen Sie in einem Innenraum, so rücken Sie zwei Sessel zusammen oder plazieren Sie die Personen auf dem Sofa. Sie können ebensogut im Freien spielen, auf der Terrasse z. B. mit zwei Liegestühlen oder auf einer Parkbank. Als Requisiten brauchen Sie nur eine Zeitung für den Herrn und Strickzeug für die Dame. Die Dame kann sich aber ebensogut mit einem Kreuzworträtsel beschäftigen, oder falls die Szene im Park spielt, kann sie die Tauben füttern.

Kostüme: Wählen Sie bequeme Haus- oder Alltagskleidung für ältere Herrschaften in gedeckten Farben aus. Sollten Sie die Rollen mit jungen Darstellern besetzen, so »trimmen« Sie beide auf alt: Setzen Sie beiden eine Brille auf, binden das Haar der Frau zu einem Knoten und pudern es grau (Mehl). Malen Sie beiden dezente Falten ins Gesicht.

Regie-anweisungen: Sie können die pantomimische Einleitung des Sketches mit leiser Untermalungsmusik unterlegen (z. B. aus einem Kassettenrecorder) und langsam ausblenden, wenn die *Frau* den Dialog beginnt.
Beide Mitspieler sollten eher gedämpft sprechen und ein gemäßigtes Sprechtempo einhalten, selbst an den Stellen, wo sie sich empören oder entrüsten; das erlaubt ihnen eine gewisse Doppeldeutigkeit in die Worte zu legen (». . . in meiner Jugendzeit hat es so was nicht gegeben.«)
Seien Sie ebenso sparsam und behutsam mit Ihren Gesten – es handelt sich schließlich um die Darstellung älterer Personen.

Eröffnungs-szene: Ein älterer Herr sitzt neben einer älteren Dame. Er liest aufmerksam in einer Zeitung, sie strickt eifrig. Plötzlich gibt der Herr empörte Laute von sich und weckt damit die Neugier der Dame. Sie reckt ihren Hals, um in die Zeitung zu gukken, kann aber nichts sehen und wendet sich wieder ihrem Strickzeug zu. Das wiederholt sich mehrere Male, bis die Dame endlich das Wort an den Herrn richtet:

Dame: »Was liest Du denn da, mein Schatz?«

Herr: *(blickt kurz auf)*
»Ach, ich lese hier gerade von einem Mann, den sie gestern hier verhaftet haben.«

Dame: *(läßt ihr Strickzeug sinken und fragt interessiert nach)*
»Hier verhaftet? Wer ist es denn?«

Herr: »Hier steht nur ›Robert F.‹! Er war wohl der Hausmeister vom Städtischen Mädchengymnasium.«

Dame: ». . . vom Mädchengymnasium? Was hat er denn angestellt, der Halunke?«

Herr: Er hat einige Schülerinnen in seine Hausmeisterwohnung mitgenommen . . .«

Dame: *(empört)*
». . . nicht zu fassen!«

Herr: »... und wenn die Mädchen dann nett zu ihm waren, hat er ihnen Radios geschenkt, oder sie ins Restaurant eingeladen ...
(Dame schüttelt fassungslos den Kopf)
... ein Mädchen, das wohl besonders nett zu ihm war, hat sogar ein Moped bekommen!«

Dame: »Unglaublich! In meiner Jugendzeit hat es sowas nicht gegeben!«

Herr: *(stimmt ihr zu)*
»Nein, das waren noch andere Zeiten!«

Dame: *(entrüstet)*
»Das einzige, was ich dafür bekommen habe, war ab und zu mal ein Bonbon!«
(Der Herr schaut sie konsterniert an)

Der Morgen danach

Was war am Abend davor?

Spieldauer: ca. 3 Minuten

2 Personen: Mann, Frau

Raumausstattung und Requisiten: Spielort ist ein bürgerliches Eßzimmer oder eine Wohnküche, die durch eine Tür betreten werden kann. Sie brauchen einen Tisch und zwei Stühle. Der Tisch ist mit Frühstücksutensilien (Kaffeekanne, Tassen, Teller, Brotkorb usw.) gedeckt. Die Frau liest eine Zeitung.
Unerläßliche Requisiten sind zwei Faschingsmasken, eine Minnimaus und ein Donald Duck, die zur Faschingszeit überall erhältlich sind.

Kostüme: Die *Frau* trägt einen Morgenmantel und Frotteepantoffeln und hat ihre Haare mit Lockenwicklern aufgedreht. Sie kann zusätzlich noch eine Gesichtsmaske tragen.
Der *Mann* trägt einen weiten Pyjama und Hausschuhe, und tritt mit ungekämmten Haaren auf.

Regieanweisungen: Die *Frau* sollte in ihre Sprechweise einen lauernden Unterton legen, der dem Zuschauer die Gewißheit gibt, daß sie sichere Beweise für die Missetaten ihres Mannes in Händen hält.

Der *Mann* hingegen soll so arglos spielen, daß das Publikum dazu verleitet wird, ihn für ungeständig zu halten.
Die *Darsteller* spielen im Profil zum Zuschauer, der Tisch trennt Mann und Frau und gibt der Frau zusätzlich die Möglichkeit, die Mäusemaske vor ihm zu verbergen.

Eröffnungsszene: Eine Frau sitzt am Frühstückstisch, rührt in ihrem Kaffee und liest Zeitung. Auf ihrem Schoß liegt eine Faschingsmaske. Ihr Mann, der gerade aufgestanden ist, kommt herein, gähnt und streckt sich. Sie funkelt ihn böse an und grüßt ihn aufgesetzt freundlich:

Frau: »Guten Morgen, Liebling!«

Mann: *(verschlafen)*
»Morgen.«

Frau: *(schnippisch)*
»Na, müde? Wie war's denn auf dem Kostümball?«

Mann: *(gähnt und setzt sich)*
»Ach, langweilig! Ich hätte mir gewünscht, Du wärst dagewesen.«

Frau: *(grinst ironisch)*
»Das glaub ich Dir – Du Ärmster! So ganz allein – ohne Deine Minnimaus.«

Mann: *(arglos)*
»Ja, schade, daß Du nicht dabei warst.«

Frau: *(unheilvoll)*
»Kamst Du Dir nicht ein bißchen verlassen vor, so allein auf dem Ball – ohne Minnimaus? –
Oder hast Du vielleicht eine andere Minnimaus gefunden? Vielleicht hast Du sie dann am Schwanz gepackt und ihr ins Ohr geflüstert: Willst Du heute mein kleines Mausefrauchen sein? – War es etwa so – mein lieber Mann?«

Mann: *(verblüfft)*
»Ich weiß nicht, was Du meinst.«
(Sie kneift die Augen zusammen)

»Du hättest ja bloß mitzukommen brauchen, dann hättest Du gesehen, daß ich mich nicht besonders amüsiert habe.«

Frau: *(angewidert)*
»Ha, ha, ha, ha!«

Mann: *(arglos)*
»Dabei hätte es so schön sein können: Ich als Micky- und Du als Minnimaus!«

Frau: *(giftig)*
»So, dann hab ich eine kleine Überraschung für Dich!
(Sie setzt die Maske auf)
Ich war Deine Minnimaus von heute nacht!«

Mann: *(rauft sich ratlos die Haare)*
»Jetzt versteh ich gar nichts mehr!«

Frau: *(klärt ihn auf)*
»Nachdem Du weg warst, hab ich mir gedacht, ich schau einmal, was mein Mann so macht, wenn er allein als Mickymaus unterwegs ist. Also bin ich zum Kostümverleiher gegangen und hab mir das passende Minnimauskostüm geholt und bin auf den Ball gegangen.«

Mann: *(unverständig)*
»Wie bitte?«

Frau: *(triumphierend)*
»Jawohl! Ich war die kleine Maus, die Du am Schwanz gepackt hast. Ich war es, mit der Du getanzt hast und ich war auch die kleine Maus, zu der Du gesagt hast »Meine Frau versteht mich nicht . . .«

Mann: *(schlägt die Hände über dem Kopf zusammen)*
»O nein!«

Frau: »O doch! Ich war die Maus, mit der Du am Golfplatz angehalten hast, und mit der Du . . . ich kann Dir noch viel mehr erzählen!«
(Er schüttelt fassungslos den Kopf und geht hinaus. Sie ruft ihm hinterher)

»Das hörst Du wohl nicht gerne?!«
(ironisch)
». . . Aber wie ich Dich kenne, hast Du für alles eine ganz vernünftige Erklärung.«

Mann: *(kommt wieder mit einer Donald-Duck-Maske vor dem Gesicht und kontert)*
»Aber sicher hab ich eine Erklärung!
Als ich nämlich zum Kostümverleiher ging, stellte sich heraus, daß mein Mickymaus-Kostüm schon vergeben war. Und deshalb bin ich als Donald Duck gegangen!«
(Sie begreift allmählich und erstarrt)

Ende

Szenen aus der Gastronomie

*»Ach komm, mach mir die Freude
und laß mich die Rechnung begleichen.
Das ist doch Männersache.«*

Das Frühstück

Nur ein verdorbener Magen kann die Ehefrau ersetzen

Spieldauer: ca. 4 Minuten

2 Personen: Kellnerin, Hotelgast

Raumgestaltung und Requisiten: Dieser Sketch kann an jedem beliebigen Ort aufgeführt werden, z. B. im Eßzimmer, aber auch auf der Terrasse.
Sie benötigen lediglich einen Tisch und zwei Stühle. Der Tisch sollte mit einer Tischdecke und einer kleinen Blumenvase versehen sein; darauf, wie in der Gastronomie üblich, ein Aschenbecher, sowie ein Gewürz-Set mit Salz- und Pfefferstreuer.
Für die Kellnerin brauchen Sie ein Tablett, darauf eine Kaffeetasse, eine Schale mit Marmelade und Zigarettenpapier drin, ein Körbchen mit schwarzem Toastbrot und einen Teller mit Rührei, Speckstreifen und einer verkochten Tomate.

Kostüme: Der *Mann* sollte der jeweiligen Jahreszeit angemessene Freizeitkleidung tragen.
Die *Kellnerin* ein dunkles Kleid und darüber ein weißes Servierschürzchen (wenn vorhanden auch ein Servierhäubchen und evtl. ein Namensschild)

Regie-anweisungen: Die *Kellnerin* sollte den freundlich zuvorkommenden Umgangston der Gastronomie treffen, und sehr betont, in keinem Falle aber übertrieben sprechen und spielen.

Im Gegensatz dazu darf der *Mann* parodistisch angelegt sein, um das Befremden zu rechtfertigen, das sein merkwürdiges Verhalten hervorruft; er sollte jedoch einen gewissen Charme ausstrahlen.

Wichtig für diesen Sketch ist es, daß *beide Mitspieler* ihr gestisch-mimisches Verhalten zu »synchronisieren« verstehen: d. h. jeder verfolgt aufmerksam die Handlungen des anderen und reagiert seinerseits darauf. Ein Beispiel: Wenn der Mann seinen Kaffee trinkt, verfolgt die Kellnerin, wie er die Tasse zum Mund führt. Sie schluckt mit, wenn er schluckt, und sie schüttelt sich vor Ekel, wenn er die Tasse absetzt.

Der letzte Satz, die sog. Pointe, sollte nicht an die Kellnerin, sondern direkt ans Publikum gerichtet sein.

Eröffnungs-szene: Ein trübsinnig aussehender Hotelgast sitzt allein an einem Frühstückstisch. Eine Kellnerin erscheint mit einem Frühstückstablett:

Kellnerin: »So, hier kommt Ihr Frühstück!«
(Sie stellt das Tablett auf dem Tisch ab, der Mann blickt prüfend darauf)
»Entschuldigen Sie, daß es so lange gedauert hat. Aber ich hatte reichlich Mühe, die Leute in der Küche davon zu überzeugen, daß Sie die Sachen wirklich so haben wollen . . . den Toast möglichst verbrannt – ist er Ihnen schwarz genug?«
(Sie reicht ihm einen Korb, der Mann nimmt ein Stück Toast heraus und begutachtet es)

Mann: »Ja, schön schwarz. So ist er gut, danke.«

Kellnerin: *(reicht ihm eine Schale mit Marmelade)*
»Marmelade mit Zigarettenkippen drin . . .«

Mann: *(schnuppert an der Marmelade)*
». . . Sehr schön. Sie hätten die Kippen allerdings noch ein bißchen unterrühren können. Aber es geht auch so!«

Kellnerin: *(reicht ihm einen Teller)*
»Speck, Eier, Tomaten . . .«
»Wässrige Tomaten . . . sind sie so richtig?«
(Der Mann nickt)
»Der Küchenchef hat extra noch einen Schuß Wasser dazugegeben, damit sie schön matschig werden. Und das Ei zieht sich wie Gummi – probieren Sie's doch mal!«

Mann: *(stochert mit der Gabel im Ei herum)*
»O ja, herrlich, das ist ja wirklich wie Gummi – da kann ich bis heute abend dran rumkauen.«
(Er nickt der Kellnerin freundlich zu)

Kellnerin: *(deutet auf den Teller)*
». . . und der Speck. Halbgar in ranzigem Fett gebacken – wie ist der?«

Mann: *(nimmt einen Speckstreifen und riecht daran)*
»Uuh – brrhh! Wunderbar. Genauso hab ich's mir vorgestellt.«
(Er greift nach dem Pfefferstreuer und blickt erstaunt darauf)
»Aber da ist ja Pfeffer drin . . .«

Kellnerin: »Aber sicher, das ist ja auch ein Pfefferstreuer.«

Mann: »Wären Sie so nett und würden ihn ausleeren?«

Kellnerin: *(verwundert)*
»Wieso? Mögen Sie keinen Pfeffer?«

Mann: *(schmunzelt)*
»Doch, im Gegenteil, sehr sogar!
Aber darum geht es auch gar nicht. Machen Sie ihn bitte leer.«

Kellnerin: »Wie Sie wollen.«
(Sie begreift zwar nicht warum, leert aber bereitwillig den Pfeffer auf ihr Tablett und stellt den Kaffee auf den Tisch)
». . . und hier ist noch Ihr Kaffee – so, wie Sie ihn bestellt haben . . .«

Mann: *(erfreut)*
»Mein Kaffee!«
(Er umfaßt die Tasse, um zu prüfen, ob der Inhalt warm ist)

»Kalter Kaffee – mit einer öligen Haut drauf . . .«
(Er nimmt einen Schluck)
». . . und schmeckt so richtig schön nach Spülmittel . . .«
(Er leckt sich die Lippen und trinkt gierig die Tasse leer. Die Kellnerin steht fassungslos daneben und wird ab und zu von Ekelschauern gebeutelt, während der Mann sich gierig über sein Frühstück hermacht)

Kellnerin: *(zaghaft)*
». . . ich trau' mich gar nicht zu fragen . . .
. . . aber der Chef war ziemlich in Sorge . . . ob Sie während Ihres Urlaubs hier auch immer mit dem Essen zufrieden waren?«

Mann: *(schmatzt begeistert und meint mit vollem Mund)*
»Es war alles hervorragend . . .
(schluckt)
. . . ganz wunderbar!«

Kellnerin: *(erleichtert)*
»Da bin ich aber froh. Ich hatte schon Angst, unsere Küche hätte Ihren Geschmack nicht getroffen . . .«

Mann: *(winkt ab)*
»Keine Sorge! Ich habe keinerlei Beanstandungen!«

Kellnerin: *(lächelt freundlich)*
»Dann ist ja alles gut«
(Sie nimmt ihr Tablett wieder auf)
»Kann ich sonst noch irgendwas für Sie tun?«

Mann: *(schüttelt gerade den leeren Pfefferstreuer über seinem Frühstück)*
»Ja, wenn Sie ein paar Minuten Zeit haben, dann setzen Sie sich doch zu mir und meckern und nörgeln ein bißchen, während ich esse.
Wissen Sie, ich habe heute fürchterliches Heimweh nach meiner Frau.«

Der Sauerbraten

Wenn Götter servieren

Spieldauer: ca. 4 Minuten

2 Personen: Frau, Kellner

Raumausstattung und Requisiten: Sie benötigen einen Stuhl und einen kleinen Tisch mit Tischdecke, Gewürz-Set, Aschenbecher und kleinem Blumenschmuck. Ferner eine Speisekarte.
Der Spielort ist beliebig.

Kostüme: Die *Frau* sollte gekleidet sein wie eine Geschäftsfrau oder Sekretärin, die in ihrer Mittagspause essen geht. Wählen Sie deshalb als Kostüm adrette Bürokleidung zu einer gepflegten Frisur und sorgfältig aufgelegtem Make-up. Über dem Stuhl kann zusätzlich noch eine Jacke und eine Handtasche hängen.
Die Kostümierung des *Kellners* sollte in ein gutbürgerliches Lokal passen, gepflegt, aber nicht eigentlich vornehm sein: Ein weißes Hemd mit hochgekrempelten Ärmeln, eine schwarze Weste, eine dunkle Hose, aus deren Hintertasche ein Geldbeutel ragen kann, und darüber eine weiße Schürze wären angebracht. In der Hand kann er ein kariertes Küchentuch tragen, aus der Westentasche ragen Notizblock und Kugelschreiber.

Regie-anweisungen: Der *Kellner* sollte eine unerbittliche Strenge ausstrahlen und auch beim Publikum keinen Zweifel an seiner Autorität lassen. Seinen strengen Ausdruck (erhobenes Haupt, hochgezogene Augenbrauen, aufeinandergepreßte Lippen und harte Aussprache) muß er folglich bis zum Ende konsequent beibehalten.
Die *Frau* hingegen kommuniziert mit dem Publikum: Sie sucht den Blickkontakt mit dem Zuschauer und läßt ihn durch Gestik und Mimik wissen, was sie denkt und fühlt.

Eröffnungs-szene: Eine Dame sitzt am Tisch und studiert die Speisekarte. Ein Kellner kommt auf sie zu und fragt sehr höflich:

Kellner: »Wünschen die gnädige Frau zu bestellen?«

Frau: *(würdigt ihn keines Blickes und antwortet muffig)*
»Ja, einen Sauerbraten.«
(Sie reicht ihm leger die Karte)

Kellner: *(streng)*
»Einen Sauerbraten, . . . und wie heißt das noch?«

Frau: *(irritiert)*
»Wie heißt was?«

Kellner: *(lehrmeisterlich)*
»Es heißt: einen Sauerbraten, bitte!«
(Die Dame stutzt)
». . . oder sind Sie auch eine von den hochnäsigen Gästen, die glauben, Höflichkeit ist einem Kellner gegenüber unangebracht?«

Frau: *(hilflos)*
»Aber nein!!«

Kellner: *(sehr förmlich)*
»Dann wäre ich Ihnen sehr dankbar, wenn Sie ›bitte‹ sagen würden.«

Frau: *(leicht genervt)*
»Na gut, okay! Einen Sauerbraten, bitte!«

Kellner:	*(sehr streng)* »Nein!«
Frau:	*(erschrocken)* »Was nein?«
Kellner:	»Es heißt: bitte, mein Herr! Ich bin ein Herr.«
Frau:	*(lacht gereizt)* »Na hören Sie mal, wie komm' ich dazu, zu Ihnen ›mein Herr‹ zu sagen?«
Kellner:	*(humorlos ernst)* ». . . und wie komme ich dazu von Ihnen eine Bestellung entgegenzunehmen?« *(Er rümpft die Nase und geht weg. Die Frau schüttelt fassungslos den Kopf und prustet ungläubig. Nach einer Weile kehrt der Kellner zurück und baut sich vor ihr auf)* »Nun? Haben Sie es sich überlegt?«
Frau:	*(resigniert)* »Einen Sauerbraten, bitte, mein Herr.«
Kellner:	*(verbessert streng)* »Mein Herr und Gebieter!«
Frau:	*(schreckt auf)* »Wie?«
Kellner:	»Einen Sauerbraten bitte, mein Herr und Gebieter!«
Frau:	*(schlägt sich fassungslos mit der Hand vor den Kopf)* »Ich glaub', ich spinne!«
Kellner:	*(mit einem Sadismus in der Stimme)* »Möchten Sie denn nun einen Sauerbraten oder nicht, gnädige Frau?«
Frau:	*(völlig konsterniert)* »Ja natürlich, aber . . .«

Kellner:	*(gebieterisch)* »Kein aber! Sagen Sie: bitte, mein Herr und Gebieter – und dann gibt's Sauerbraten!«
Frau:	*(holt tief Luft und droht zu explodieren, gibt aber dann doch klein bei und nuschelt)* »Einen Sauerbraten, bitte, mein Herr und Gebieter.«
Kellner:	*(unnachgiebig)* »Lauter!«
Frau:	*(spricht lauter, aber lustlos)* »Einen Sauerbraten, bitte, mein Herr und Gebieter.«
Kellner:	*(ironisch)* »Schon besser! Und jetzt noch eine Spur höflicher!«
Frau:	*(schaut ihn ungläubig an, schluckt, lenkt aber ein und wiederholt höflich)* »Einen Sauerbraten, bitte, mein Herr und Gebieter ...«
Kellner:	*(spricht vor)* »König der Kellner ...«
Frau:	*(spricht apathisch nach)* »König der Kellner.«
Kellner:	»... dessen Füße zu küssen ich nicht würdig bin ...«
Frau:	»... dessen Füße zu küssen ich nicht würdig bin ...«
Kellner:	»Wohltäter des Gaumens, Erretter aller Hungrigen, aus Deinen edlen Händen möcht' ich Speis' und Trank empfangen.«
Frau:	*(spricht wie hypnotisiert nach)* »... Wohltäter des Gaumens, Erretter aller Hungrigen, aus Deinen Händen ...«
Kellner:	*(verbessert)* »... aus Deinen edlen Händen!«

Frau: *(atemlos)*
»... aus Deinen edlen Händen möcht' ich Speis' und Trank empfangen.«

Kellner: *(zufrieden)*
»Sehr schön, und das Ganze noch einmal von ganz vorne!
(Er souffliert)
Einen Sauerbraten ...«

Frau: *(betet voller Inbrunst nach)*
»Einen Sauerbraten, bitte, mein Herr und Gebieter, König der Kellner, dessen Füße zu küssen ich nicht würdig bin, Wohltäter des Gaumens, Erretter aller Hungrigen, aus Deinen edlen Händen möcht ich Speis' und Trank empfangen.«
(Sie atmet auf)

Kellner: *(trocken)*
»Tut mir leid.«

Frau: *(weinerlich nervös)*
»W-w-wieso? Hab' ich was falsch gemacht?«

Kellner: *(ein bißchen kokett)*
»Nein, das nicht – aber Sauerbraten ist leider aus.«
(Die Frau bricht zusammen, der Kellner verbeugt sich vor dem Publikum)

Das Spiegelei

Erlaubt ist, was schmeckt

Spieldauer: ca. 1½ Minuten

3 Personen: Ehepaar, Oberkellner

Raumausstattung und Requisiten: Sie benötigen für diesen Sketch einen Tisch und zwei Stühle. Der Tisch sollte bereits festlich eingedeckt sein, wie es in Restaurants der gehobenen Klasse üblich ist: Polierte Gläser Besteck, Gedecktellerchen, Serviettenhütchen oder -fächer. Dazu als Dekoration Blumenschmuck und Kerzenleuchter.
Notwendige Requisiten sind zwei Speisekarten, die zum gepflegten Stil des dargestellten Restaurants passen sollten. Nehmen Sie entweder zwei Fotoalben oder zwei großformatige Bücher, die Sie mit dekorativem Papier oder Glanzfolie einbinden.
Der *Kellner* benötigt einen Stift und einen Notizblock.

Kostüme: Das *Ehepaar* sollte zum feierlichen Rahmen passende Galakleidung tragen:
Der *Herr* im Smoking oder Dinner-Jackett.
Die *Dame* im Abendkleid mit festlicher Frisur und Abend-Make-up.
Der *Kellner* kann, wenn vorhanden, im Frack auftreten und eine weiße Serviette über dem Unterarm tragen. Es genügt aber

auch ein weißes Hemd mit Fliege oder Schleife zu einer schwarzen Hose und einer umgebundenen weißen Langschürze.

Regieanweisungen: Der *Kellner* sollte dem Klischee des »feinen Oberkellners« entsprechen und eine gewisse Dünkelhaftigkeit ausstrahlen. Ein würdevoller Gang, ein hochmütiger Gesichtsausdruck, aufreizend langsame Bewegungen und eine affektierte Sprache bringen dies zum Ausdruck. Der Kellner benötigt einen Stift und einen Notizblock.

Der *Mann,* der die Bestellung aufgibt, sollte dem Kellner diesbezüglich in keiner Weise nachstehen, gegen Ende des Sketches aber in eine gewöhnliche Umgangssprache überwechseln.

Das *Ehepaar* sitzt im Profil zum Publikum, der Kellner steht dazwischen hinter dem Tisch und verfolgt mit Kopfwendungen den Dialog der beiden.

Eröffnungsszene: Ein Herr und eine Dame sitzen am Tisch und studieren aufmerksam die Speisekarte. Im Hintergrund spielt leise Untermalungsmusik. Der Oberkellner nähert sich den beiden, räuspert sich, macht eine leichte Verbeugung und fragt:

Oberkellner: »Haben die Herrschaften gewählt?«
(Der Herr legt die Speisekarte nieder, setzt eine Kennermiene auf und meint genüßlich)

Herr: »Ja, also: Bringen Sie mir als Vorspeise einen Krabbencocktail mit einem Hauch Mayonnaise . . .
(Der Kellner notiert mit und nickt zufrieden)
. . . dann als Zwischengericht ein Carpaccio mit weißen Trüffeln . . . als Hauptgang hätte ich gern ein Pfeffersteak, genau 4 Minuten gebraten, aber nur von einer Seite, damit es schön saftig bleibt. Als Beilage frische Austernpilze und Pommes Dauphines . . . Zum Nachtisch bitte das Kiwi-Sorbet mit Grand-Marnier und Zimtgebäck. Dazu trinke ich einen Châteauneuf du Pape, Jahrgang 1972.«

Oberkellner: *(sichtlich zufrieden mit der Bestellung)*
»Danke sehr, der Herr –
(wendet sich der Frau zu)
– und was darf ich der Dame bringen?«

Dame: *(klappt die Karte zu)*
»Ein Bier und ein Spiegelei!«

Oberkellner: *(glaubt sich verhört zu haben)*
»Wie bitte?«

Dame: *(wiederholt)*
»Ich hätte gerne ein Bier und ein Spiegelei!«
(Der Ober zieht mißbilligend eine Augenbraue hoch, auch der Mann ist irritiert)

Herr: »Aber Liebste, mach doch keine Scherze!
(wird leise)
»So was kannst Du doch hier nicht bestellen!«

Dame: *(laut)*
»Warum denn nicht, wenn es auf der Karte steht?!«

Herr: *(ungläubig)*
»Das gibt's doch nicht!«

Dame: *(klappt die Karte auf und zeigt ihrem Mann die Stelle)*
»Doch! Schau hier!«

Herr: *(verblüfft)*
»Tatsächlich, hier gibt's Spiegelei!«
(zum Ober)
»Spiegelei hab ich schon lang nicht mehr gegessen. Bringen Sie mir doch auch eins.«
(Der Ober zerknüllt seinen Notizzettel, wirft ihn hinter sich und verläßt kommentarlos den Tisch)

Herr: *(ruft ihm nach)*
». . . und ein Bier dazu!«

Im Hamburger-Restaurant

Dem Kellner zuliebe genießen

Spieldauer: ca. 3 Minuten

2 Personen: Kellner, Gast

Raumausstattung und Requisiten: Der Sketch spielt in einem Schnellimbiß. Spielen Sie deshalb vor einer kahlen, weißen Wand und nehmen Sie einen Tisch und einen Stuhl aus Plastik (Gartenmöbel). Verzichten Sie auf jegliche Dekoration.

Als Requisiten benötigen Sie einen Hamburger auf einem schlichten weißen Teller oder einem Plastiktablett und einen Pappbecher mit Strohhalm.

Kostüme: Der *Kellner* darf etwas schmuddelig wirken. Als Kostüm empfiehlt sich deshalb eine verbeulte Hose, ein altes kariertes Hemd und ein schmutziges Küchentuch, das im Hosenbund eingeklemmt ist.

Der *Mann* sollte wie jemand wirken, der normalerweise in gepflegteren Restaurants ißt. Er trägt einen Anzug mit Hemd und Krawatte und gibt eine gepflegte Erscheinung ab.

Regieanweisungen: Der *Gast* soll den Eindruck erwecken, daß ihm die Verzehrgewohnheiten eines Schnellrestaurants nicht vertraut sind. Er sucht in der Einleitung des Sketches ergebnislos nach

Besteck. In Ermangelung einer Serviette benutzt er das Einstecktuch aus seiner Brusttasche, um den Hamburger aufzunehmen und ißt sehr vorsichtig mit abgespreizten Fingern. Dieses affektierte Getue reizt den Kellner dazu ihm eins auszuwischen.

Der *Kellner* legt seine Rolle folglich mit einer gewissen Hinterlist an, die für den Zuschauer durchschaubar sein sollte.

Seine Äußerungen, mit denen er beim Gast Mitleid erzeugt, sollten für das Publikum als Methode erkennbar sein. Deshalb hält der Darsteller Blickkontakt zum Zuschauer und macht durch gestische und mimische Äußerungen wie Augenzwinkern und Grimassenschneiden deutlich, daß seine Emotionen nur gespielt sind, um den Gast auf's Glatteis zu führen.

Die *Pointe* ist folglich weniger als überraschende Wendung zu verstehen, sondern vielmehr als Ergebnis eines geschickt eingefädelten Prozesses gedacht.

Eröffnungsszene: Ein Mann sitzt an einem Plastiktisch, vor ihm ein Hamburger auf dem Teller. Er nimmt ihn auf, beißt hinein und verzieht angewidert sein Gesicht. In diesem Moment kommt gerade der Ober vorbei:

Mann: »Herr Ober!«
(Der Ober hält inne und wendet sich dem Gast zu)

Ober: »Ja, bitte?«

Mann: »Der Hamburger, den Sie mir gebracht haben, schmeckt fürchterlich!«

Ober: »Ja, da haben Sie recht, der ist alles andere als gut.«

Mann: »Was?! Sie geben mir auch noch recht?!«

Ober: »Was bleibt mir denn anderes übrig? . . . unsere Hamburger sind und bleiben einfach scheußlich!«

Mann: ». . . einfach scheußlich!«

Ober: »Was sage ich scheußlich, mehr als scheußlich – sie sind schlichtweg ekelerregend!
(Er hebt die obere Hälfte des Brötchens ab)

Schauen Sie sich doch nur einmal das Fleisch an! Sieht das nicht aus, als ob ein Pferd über Ihr Brötchen gekotzt hätte?«

Mann: »Ja, genauso sieht's aus!«

Ober: »Aber unsere Hamburger mit dem Erbrochenen eines Pferdes zu vergleichen, ist eine Beleidigung für das Pferd.
Unsere Hamburger sehen aus, als ob man einen Kuhfladen, stinkige Fußnägel und die glibberige Schnauze eines Boxerhundes durch den Wolf gedreht hätte – und genauso schmekken sie auch. Ich schäme mich dafür jedesmal in Grund und Boden, wenn ich so etwas servieren muß!«

Mann: »Sie schämen sich dafür?«

Ober: »Ja, in Grund und Boden!«

Mann: »Und warum suchen Sie sich dann nicht einen anderen Job?«

Ober: *(seufzt)*
»Wenn ich bloß könnte, aber der Besitzer hier hat mich in der Hand. Wissen Sie, ich habe eine Jugendsünde begangen, und er weiß davon. Er erpreßt mich damit!«

Mann: *(teilnahmsvoll)*
»O, Sie Ärmster!«

Ober: *(jammert weiter)*
»Wenn ich abhauen würde, würde er mich ruinieren. Ich bin dazu verdammt hierzubleiben!
(weinerlich)
. . . aber das wäre alles gar nicht so schlimm, wenn nicht diese Hamburger so scheußlich wären. Ausgerechnet ich muß die scheußlichsten Hamburger servieren, die scheußlichsten, die es gibt!!«

Mann: *(beschwichtigend)*
»Sagen Sie doch so was nicht.«

Ober: *(verzweifelt)*
»Ach, Sie können mich nicht trösten. Bis an mein Lebensende

muß ich diese Hamburger auftischen – diese Ausgeburt an Ekelhaftigkeit und Gestank!«

Mann: »Ach, beruhigen Sie sich doch.«

Ober: »Diese Hamburger sind das Schlimmste auf der Welt, eine Strafe Gottes – sie sind die Hölle!«

Mann: »Jetzt machen Sie Ihre Hamburger nicht schlechter, als sie sind. Sie sind so gut und so schlecht wie alle anderen Hamburger auch.«

Ober: *(zaghaft)*
»Glauben Sie das wirklich . . . hm?«

Mann: »Aber ja, das sind ganz normale Hamburger – und so schlecht schmecken sie gar nicht.«

Ober: »Meinen Sie das ehrlich, ganz ehrlich?«

Mann: »Ja, ganz ehrlich.«

Ober: *(streng)*
»Und warum zum Teufel beschweren Sie sich dann?!!«
(Ober geht weg)

Beim Zahlen geht nicht jede Rechnung auf

Spieldauer: ca. 3 Minuten

2 Personen: Mann, Frau
(als dritte Person eventuell ein Kellner, der die Rechnung bringt und das Geschirr abräumt)

Raumgestaltung und Requisiten: Dieser Sketch kann überall aufgeführt werden, Sie benötigen lediglich einen Tisch und zwei Stühle. Der Tisch sollte mit einer Tischdecke gedeckt sein, darauf zwei Servietten, zusammengestelltes Geschirr und zwei fast leere Gläser, um deutlich zu machen, daß die Gäste ihre Mahlzeit bereits beendet haben. Dazu ein kleines Tellerchen mit einer gefalteten Rechnung. Ein Kerzenleuchter mit brennenden Kerzen schafft Atmosphäre.

Kostüme: Wählen Sie für beide Rollen gepflegte Abendgarderobe aus, so wie Sie sich kleiden würden, wenn Sie eine Verabredung zum Abendessen hätten.
Der *Mann* sollte auf alle Fälle ein Sakko oder Jackett tragen, aus dem er eine Brieftasche entnehmen kann.
Achten Sie bei der *Frau* auf kleine Accessoires wie Schmuck und Handtasche.

Regie-anweisungen: Dieser Sketch beleuchtet die emanzipierte *Frau* von der satirischen Seite. Sie sollte ihren Text mit einem kämpferischen, ja rebellischen Tonfall sprechen und dazu heftig gestikulieren. Der *Mann* verkörpert eher den gutmütigen, biederen Typus, weder »Chauvi« noch »Softie«, der den Angriffen der Frau hilflos gegenübersteht, weil er ihre Beweggründe nicht kennt. Wichtig für den Erfolg des Sketches ist es, im Dialog keine Pausen entstehen zu lassen, es sollte eher ein Wortgefecht sein. Außerdem sollten sich die Sprechtempi (-geschwindigkeit) deutlich unterscheiden, d. h. die *Frau* sollte wesentlich schneller als der *Mann* sprechen.

Anmerkung: Dieser Sketch bietet sich dazu an, nicht nur als Bühnensketch Verwendung zu finden. Sie können seine Wirkung auch ohne Vorankündigung in einem Lokal testen. Wichtig ist nur, daß Sie überzeugend spielen und sich nicht verraten. Nichts freut Ihre Mitmenschen mehr, als indiskrete Blicke in eine vermeintliche Zweierbeziehung werfen zu dürfen.

Eröffnungsszene: Das Pärchen sitzt am Tisch. Sie haben gegessen, und es geht ans Bezahlen. Der Mann zieht das Tellerchen mit der Rechnung zu sich, wirft einen kurzen Blick darauf und nimmt seine Brieftasche heraus. Die Frau unterbricht ihn mit einer bestimmenden Handbewegung, zieht die Rechnung zu sich und sagt:

Frau: »Ich zahle!«

Mann: *(winkt beschwichtigend ab)*
»Aber nein, ich zahle schon!«

Frau: »Du hast gestern bezahlt!«

Mann: *(freundlich)*
»Laß' es gut sein, das ist so schon in Ordnung.«

Frau: *(energisch)*
»Nein, das ist eben nicht in Ordnung! Ich will zahlen!«

Mann: »Ach komm, mach' mir die Freude und laß mich die Rechnung begleichen. Das ist doch Männersache.«

Frau:	*(bissig)* »Das gibt Dir wohl ein Gefühl der Überlegenheit, wer zahlt, gibt den Ton an, was?!«
Mann:	*(will einlenken)* »Ach komm, überhaupt nicht!«
Frau:	*(wird lauter)* ». . . Und warum stellst Du Dich dann so an? Jeder weiß doch, daß ich mehr verdiene als Du!«
Mann:	*(schaut sich um und senkt die Stimme)* »Sei doch bitte nicht so laut!«
Frau:	*(insistiert)* »Ha! Das ist Dir wohl peinlich?«
Mann:	*(versucht es noch einmal in aller Ruhe)* »Hör' mir mal zu!« »Ich habe Dich zum Essen eingeladen, weil ich Dich wiedersehen wollte, und ich wollte Dich wiedersehen, weil ich gerne mit Dir zusammen bin, und ich . . .«
Frau:	*(braust auf)* ». . . Ich, ich, ich! Du denkst nur an Dich! Hast Du Dir schon einmal Gedanken über meine Bedürfnisse gemacht?!«
Mann:	*(verstimmt)* »Nachdem Du meine Einladung angenommen hast, konnte ich wohl davon ausgehen, daß auch Du gerne mit mir zusammen bist!«
Frau:	*(unbeugsam)* »Ja sicher! Aber zu meinen Bedingungen!«
Mann:	*(seufzt resigniert und steckt seine Brieftasche wieder weg)* »Na gut, dann zahlst eben Du!«
Frau:	*(überrascht)* »Wie bitte?!«

Mann: *(schiebt ihr die Rechnung hin)*
»Ich sagte: Na gut, dann zahlst eben Du!«

Frau: *(unverständig)*
»Wie meinst Du das?«

Mann: »Wenn Du unbedingt zahlen willst, dann zahl' doch!«

Frau: *(verwirrt darüber, daß sie seinen Widerstand so schnell gebrochen hat, fragt ungläubig)*
»Und Du hast nichts dagegen?«

Mann: *(etwas beleidigt und genervt)*
»Nein, ich habe nichts dagegen. Ich beuge mich Deinem Wunsch.«

Frau: *(blickt ihn irritiert an, schnappt nach der Rechnung, schaut in ihr Portemonnaie, hält kurz inne, schiebt behutsam die Rechnung zurück und meint kleinlaut)*
»Ich hab nicht genug Geld dabei . . .«
(Sie wartet seine Reaktion ab, er verzieht jedoch keine Miene. Plötzlich schreit sie unbeherrscht)
»Ich konnte ja nicht ahnen, daß ich zahlen soll!«
(Der Mann läßt einen Stoßseufzer ab, wendet sich dem Publikum zu und zieht eine Augenbraue hoch)

Party-Szenen

»He, Sie haben doch gesagt, Ihr Mann wäre nicht böse, wenn ich Sie küsse . . .«

Das häßlichste Mädchen

Wahre Schönheit kommt von innen

Spieldauer: ca. 3–4 Minuten

2 Personen: junge Frau, junger Mann

Raumgestaltung und Requisiten: Für diesen Sketch ist so gut wie keine Raumausstattung notwendig, sofern Sie ihn auf einer Party oder in Gesellschaft aufführen. Sie brauchen lediglich ein Sofa oder zwei Hocker, die Sie am Spielort aufstellen. Sie können aber ebensogut freistehend oder lässig gegen eine Wand oder Säule gelehnt spielen.
Als Requisiten benötigen Sie zwei Longdrink- oder Sektgläser, welche die Mitspieler in der Hand halten.

Kostüme: Wählen Sie gediegene Partykleidung aus:
Für den *Mann* einen Smoking mit Fliege oder ein Dinner-Jackett.
Für die *Dame* ein Abendkleid. Achten Sie darauf, daß die Frau durch Kleidung, Schmuck, Frisur und Schminke ein attraktives Äußeres bekommt, das zu ihrer Behauptung, sie sei häßlich, in Widerspruch steht.

Regieanweisungen: Die *Frau* in diesem Sketch verkörpert einen paranoiden Typus: Sie sollte deshalb einen verbiesterten Gesichtsausdruck und

den gewissen »manischen« Blick haben. Ihre Körperhaltung soll signalisieren, daß sie unter Spannung steht, ihre Bewegungen sollen schnell und »zickig« ausgeführt werden.
Ihren Text sollte sie in einem gereizten, aggressiven Tonfall sprechen und gewisse Worte übertrieben betonen! (z. B. »Nie-mand spricht mit mir« oder ». . . weil ich so häß-lich bin!«) Es kommt darauf an, daß sie ohne Punkt und Komma spricht und den Mann so gut wie nicht zu Worte kommen läßt.
Der *Mann* verhält sich während des Monologes der Frau wie jemand, der sich in die Enge getrieben fühlt: Er verkriecht sich schutzsuchend in die äußerste Sofaecke und führt gelegentlich Abwehrbewegungen mit den Händen aus.

Eröffnungs-szene: Eine attraktive junge Frau sitzt auf dem äußersten Rand eines Sofas und stiert verbiestert auf das Glas in ihrer Hand. Im Hintergrund spielt Party-Musik. Ein Mann schlendert auf sie zu und setzt sich in die andere Ecke des Sofas. Er trinkt einen Schluck aus seinem Glas, macht es sich bequem, ohne der Frau Beachtung zu schenken, und blickt entspannt in die andere Richtung. Die Frau dreht blitzartig ihren Kopf in Richtung des Mannes, mustert ihn von oben bis unten und dreht ihren Kopf genauso schnell wieder zurück. Plötzlich beginnt sie laut vor sich hinzusprechen:

Frau: »Es ist immer dasselbe auf diesen Partys! Niemand unterhält sich mit mir!«
(Sie prüft, ob der Mann eine Reaktion zeigt. Der jedoch scheint es nicht gehört zu haben. Sie wiederholt)
»Es ist immer dasselbe auf diesen Partys! Niemand unterhält sich mit mir!«
(Der Mann guckt verstohlen in ihre Richtung, zeigt aber keinerlei Reaktion. Sie schaut ihn forsch an und schreit)
»Sie sind wohl schwerhörig!«

Mann: *(erschrickt und sagt verdattert)*
»W-w-wie bitte?«

Frau: *(wiederholt aggressiv)*
»Ich sagte: Niemand unterhält sich mit mir auf diesen Partys und das kommt daher, weil ich so häßlich bin.«

Mann: *(immer noch verdattert)*
»A-a-aber Sie sind doch gar nicht häßlich, Sie sind . . .«

Frau: *(unterbricht ihn energisch)*
»Ich sagte: Ich bin häßlich! Und ich möchte auch nicht weiter darüber reden!«

Mann: *(verschüchtert)*
»A-a-aber . . . aber Sie . . .«

Frau: *(fällt ihm ins Wort und legt los)*
»Kein Aber! Ich wünsche keine weitere Erörterung dieses Themas. Ich spreche auf Parties grundsätzlich nicht darüber, wie häßlich ich bin! Ich versuche mich so unauffällig wie möglich zu verhalten, damit keiner merkt, wie häßlich ich bin. Aber natürlich fällt es irgendwann auf. Man kann jemanden, der so häßlich ist wie ich, ja kaum übersehen. Aber trotzdem möchte ich mich nicht über meine Häßlichkeit unterhalten!«
(Sie stiert wieder vor sich hin)

Mann: *(hat sich wieder gefangen und meint zaghaft)*
»Aber ich . . .«

Frau: (schnippisch)
»Ja?!«

Mann: ». . . also, wenn ich mal etwas sagen darf: Ich halte Sie gar nicht für häßlich.«

Frau: *(drohend)*
»Ich dachte, ich hätte ausdrücklich gesagt, daß ich nicht darüber reden will, wie häßlich ich bin. Sie wollen mich wohl in Verlegenheit bringen, was?!«

Mann: *(versucht sie zu beschwichtigen)*
»Nein, nicht doch.«

Frau: *(zynisch)*
»Aha, so einer sind Sie! Auch einer von denen, die im Playboy oder einem anderen dieser Schmutzblätter gelesen haben,

man soll sich auf einer Party das häßlichste Mädchen aussuchen, weil das der sicherste Weg ist, nicht allein schlafen zu müssen.
Sag ihr, sie sei schön, und sie wird Dir vor Dankbarkeit die Füße küssen. Ha, ha, das haben Sie sich fein ausgedacht!«

Mann: *(verwirrt)*
»Aber nein, ganz und gar nicht!«

Frau: *(schimpft unbeirrt weiter)*
»Das passiert mir jedesmal. Auf jeder Party umlagern mich die Männer, weil sie mich für die Häßlichste halten und meinen, ich sei am leichtesten rumzukriegen!«

Mann: »Aber ich will Sie ja gar nicht rumkriegen.«

Frau: *(faucht ihn an)*
»So! Und warum drängen Sie mir dann ein Gespräch auf?«
(Sie funkelt ihn böse an)

Mann: *(versucht sich ängstlich zu rechtfertigen)*
». . . aber ich hab doch gar nicht angefangen . . . ich wollte ja gar nicht mit Ihnen reden . . .«

Frau: *(wütend)*
»Nicht reden? Über meine Häßlichkeit wollten Sie reden! Mir Komplexe einjagen! Verschwinden Sie, Sie gemeiner, sadistischer Kerl!«
(Der Mann macht sich unter Stammeln und Abwehrbewegungen aus dem Staub. Sie schreit noch einmal hysterisch)
»Verschwinden Sie!«
(Sie beruhigt sich wieder und nimmt ihre sture Anfangshaltung wieder ein. Nach einer kurzen Pause meint sie)
»Es ist immer dasselbe auf diesen Partys! Niemand unterhält sich mit mir!«

Variation:

Regieanweisung: Diesen Sketch kann man zu einem »double-take« ausbauen, d. h. man kann der einen Pointe noch eine weitere hinzufügen. Man braucht dazu einen weiteren männlichen Mitspieler. Der szenische Ablauf ist wie folgt:

Ein 2. Mann kommt und setzt sich wie der erste neben die Frau auf das Sofa. Das Spiel beginnt von vorne.
Die Frau mustert ihn von oben bis unten und spricht wieder laut vor sich hin:

Frau: »Es ist immer dasselbe auf diesen Partys! Niemand unterhält sich mit mir!«

2. Mann: *(reagiert sofort, mustert sie ebenfalls von oben bis unten und sagt)*
»Ist ja auch kein Wunder, Sie häßliche Kuh!«

Darf ich Ihre Frau küssen?

Irren ist menschlich

Spieldauer: ca. eine halbe Minute

3 Personen: Frau, zwei Männer

Raumausstattung und Requisiten: Sie benötigen ein Sofa, auf dem drei Personen Platz finden können, sowie einige leere Gläser und Flaschen, die Sie auf den Boden stellen oder den Darstellern in die Hand drücken.

Kostüme: Sie können diesen Sketch in die Faschingszeit verlegen, wenn Sie normale Alltagskleidung mit Konfettis und Luftschlangen dekorieren und den Darstellern Pappnasen oder -hütchen aufsetzen. Etwas Faschingsschminke verstärkt den Eindruck.

Regieanweisungen: Die dargestellte Szene findet zu etwas vorgerückter Stunde statt: Alkoholbedingte Ermüdungserscheinungen haben sich bereits eingestellt. Halbgeschlossene Augenlider, ein ungerichteter Blick und schwankende Bewegungen bringen dies zum Ausdruck.
Alle drei Mitspieler sollten auch sprechen wie Betrunkene: etwas ordinär, mit schwerer Zunge und erhöhter Lautstärke.

Eröffnungsszene: Ein alkoholisiertes Pärchen lümmelt auf einem Sofa, der Mann links, die Frau rechts. Der Mann nuckelt an seinem Bier, die Frau ist schlafend gegen ihn gelehnt.
Ein ebenfalls alkoholisierter Partygast setzt sich rechts neben die Frau, betrachtet diese und befindet sie für gut. Er fragt den Mann, gegen den die Frau gelehnt ist:

Partygast: *(lallend)*
»He Sie! Glauben Sie, daß Ihre Frau sehr böse wär', wenn ich sie mal küsse?«

Mann: *(überlegt kurz und pustet heraus)*
»Meine Frau? Böse? Nein, die bestimmt nicht!«

Partygast: *(lallt)*
»Das find ich ja toll!«
(Er küßt die schlafende Frau. Sie fährt hoch und verpaßt ihm eine Ohrfeige)

Frau: *(schimpft)*
»He Sie, was fällt Ihnen ein!«

Partygast: *(hält sich die Backe und beschwert sich bei dem anderen Mann)*
»He, Sie haben doch gesagt, Ihre Frau wäre nicht böse, wenn ich sie küsse . . .«

Mann: *(lacht gehässig)*
». . . Meine Frau wär' ja auch nicht böse – aber das ist ja gar nicht meine!«

Vor Ahnungen wird gewarnt!

Spieldauer: ca. 3–4 Minuten

2 Personen: Fritz, Helmut

Raumausstattung und Requisiten: Sie benötigen zwei Stühle und einen kleinen Tisch, auf dem ein Aschenbecher, ein Glas Mineralwasser, ein leeres Bierglas und eine volle Flasche Bier stehen.
Die Personen sitzen frontal zum Publikum und stützen einen Arm auf dem Tisch ab.

Kostüme: Der Dialog findet auf irgendeiner Party statt; Sie können folglich beliebige Kleidung auswählen, sofern sie naß werden darf.
Fritz kann ein zu seinen »Vorahnungen« passendes »mystisches« Aussehen bekommen, wenn Sie ihn mit einem schwarzen Rollkragenpulli und einer Halskette mit einem schweren Medaillon ausstatten.

Regieanweisungen: Dieser Sketch erfordert sowohl in seiner gestischen, als auch in seiner sprachlichen Gestaltung eine präzise Ausführung. Alle für den Handlungsablauf wichtigen Aktionen sollten deshalb langsam vollzogen und deutlich wahrnehmbar sein: z. B. das Ausdrücken der Zigarette, das Bier einschenken usw.

Im *Dialog* sollten Stellen wie z. B. *»Ich habe es im voraus gewußt!«* oder *»Es ist eine Art Hellsichtigkeit!«* besonders langsam ausgesprochen und mit einem bedeutungsschwangeren Tonfall unterlegt werden.
Fritz sollte überhaupt etwas »Geheimnisumwittertes« in seine Stimme legen und einen verklärten Gesichtsausdruck zur Schau tragen.
Helmut ist, als Kontrast dazu, der für »höhere Einsichten« unzugängliche Normalmensch, der von Anfang an unwillig auf das ihm angetragene Gespräch eingeht.

Eröffnungsszene: Zwei Männer auf Stühlen sitzen mit dem Gesicht in Richtung Publikum vor einem Tisch, auf dem Getränke stehen. Der eine Mann beobachtet übertrieben aufmerksam, wie der andere eine Zigarette raucht. Als dieser seine Zigarette im Aschenbecher ausdrückt, freut sich der erste sichtlich, schnippt mit dem Finger und murmelt vor sich hin:

Fritz: *(leise jauchzend)*
»Ich hab's gewußt, ich hab's gewußt, ich hab's gewußt – gewußt – gewußt!«

Helmut: *(verwundert)*
»Was hast Du gewußt?«

Fritz: *(triumphierend)*
»Ich hab gewußt, daß Du das tun würdest!«

Helmut: *(irritiert)*
». . . daß ich was tun würde?«

Fritz: *(erklärt stolz)*
»Ich wußte im voraus, daß Du die Zigarette ausdrücken würdest, sonderbar, nicht wahr?«

Helmut: *(erstaunt)*
»Aber ich drücke meine Zigaretten immer aus, wenn ich sie zu Ende geraucht habe.«

Fritz: *(selbstzufrieden)*
»Ja, aber ich wußte es, bevor Du es getan hast. Es ist eine Art Hellsichtigkeit bei mir – das passiert mir öfter.«

Helmut: *(verächtlich)*
»Aber das ist doch keine Hellsichtigkeit! Das ist doch ganz normal, daß man seine Zigarette ausdrückt.«

Fritz: *(besserwisserisch)*
»Nein, so normal ist das nicht! Du hättest sie zum Beispiel hinunterschlucken können – oder sie zwischen den Händen zerreiben.
Nein, Du hast sie im Aschenbecher ausgedrückt, und ich habe es vorher gewußt.«
(Er lächelt zufrieden)
(Helmut stöhnt genervt und gießt sich, ohne den anderen zu beachten, ein Bier ein. Fritz jedoch beobachtet ihn wieder genau)

Fritz: »Siehst Du, es ist schon wieder passiert.«

Helmut: *(genervt)*
»Was ist denn jetzt schon wieder passiert?«

Fritz: »Ich wußte, daß Du das Bier in das Glas kippen würdest.«

Helmut: *(verärgert)*
»Selbstverständlich kippe ich das Bier in das Glas! Meinst Du etwa, ich gieße damit die Blumen oder schütte es mir über die Hose?«

Fritz: *(beharrlich)*
»Aber findest Du es nicht auch seltsam, daß ich im voraus weiß, was mit den Dingen geschieht? Hast Du das denn nicht auch manchmal?«

Helmut: *(noch mehr verärgert)*
»Nein, hab' ich nicht! Das sind doch keine Vorahnungen, die Du da hast. Da könnte ich ja genausogut prophezeien, daß Du demnächst von Deinem Mineralwasser trinken wirst – So ein Quatsch aber auch!!«

Fritz: *(schaut den anderen eine Weile geheimnisvoll an)*
»Da! Siehst Du! Du hast ›es‹ auch!«

Helmut: *(gereizt)*
»Was hab ich auch?«

Fritz: »Na die Fähigkeit, Dinge vorherzusehen . . .
(Helmut prustet)
. . . ich wollte tatsächlich gerade einen Schluck trinken, als Du es sagtest.«

Helmut: *(atmet tief durch und setzt ein bedrohliches Grinsen auf)*
»Weißt Du warum ich trotzdem nicht hellsichtig bin?«

Fritz: *(salbungsvoll)*
»Wehre Dich nicht dagegen – Du bist es!«

Helmut: *(aggressiv freundlich)*
»Ich bin deswegen nicht hellsichtig, weil Du nicht dazu kommen wirst, aus Deinem Glas zu trinken.«
(Er kippt dem anderen genüßlich langsam den Inhalt des Glases über den Kopf und lächelt aufgesetzt freundlich dazu)

Fritz: *(bleibt aufreizend ruhig und meint bedeutungsvoll)*
»Selbst das habe ich vorausgesehen . . .«

Helmut: *(ironisch zum Publikum)*
». . . aber man kann gegen sein Schicksal nichts machen.«

Der Weg zur Toilette

Wehe dem, der ihn nötig hat

Spieldauer: etwa 2 Minuten

3 Personen: Frau, 2 Männer

Raumausstattung und Requisiten: Dieser Sketch kann ohne besondere Vorbereitungen an jedem Ort aufgeführt werden.

Kostüme: Für die Kostümausstattung zu diesem Sketch stehen je nach Alter der Mitspieler zwei Möglichkeiten zur Verfügung:

Bei älteren Darstellern empfiehlt es sich ein »Honoratioren-paar« auf die Bühne zu stellen.

Die *Dame* sollte dafür ein Kostüm bestehend aus einem langen Rock und ein Abendjäckchen tragen, darunter eine Spitzenbluse mit Jabot und Brosche, dazu ein kleines Täschchen und eine hochgesteckte Frisur.

Für den *Herrn* paßt entweder eine Uniform oder ein Frack mit Schärpe. Dazu evtl. ein Monokel und eine Zigarre.

Jüngere Darsteller können eine »vampige« Grande Dame und einen eitlen Bonvivant verkörpern.

Für die *Dame* empfiehlt sich daher ein langes schwarzes Abendkleid mit Handschuhen und entweder ein großer

schwarzer Hut oder eine kleine Kappe mit Federn und Spitzenschleier. Als Accessoires eine Perlenkette und eventuell eine lange Zigarettenspitze.
Der *Herr* kann im Smoking mit weißem Abendschal und Gelatine-Frisur auftreten.
Der *Mann,* der den Weg zur Toilette sucht, sollte einen gewöhnlichen, nicht festlichen Anzug tragen.

Regieanweisungen: Die Darsteller des *adligen Paares* sollten blaublütiges, snobistisches Gehabe mit affektierten, emotionslosen Bewegungen und einem langsamen, übertrieben gestochenem Hochdeutsch karikieren und durchweg sehr statuarisch wirken.
Der *»einfache« Mann* stellt sich schüchtern und hilflos dar. Er kann, wenn möglich, seinen »Druck auf der Blase« zu einer längeren pantomimischen Einlage ausbauen.

Eröffnungsszene: Eine Gräfin steht gelangweilt herum und bringt durch ihr Gesicht zum Ausdruck, daß sie an der Party keinen Gefallen findet. Ein anderer Adliger, ein Fürst, schreitet auf sie zu:

Fürst: »Wie ich sehe, liebste Gräfin, mißfällt Ihnen diese Gesellschaft hier ebenso wie mir.«

Gräfin: *(überspannt)*
»Ich bin einem Migräneanfall nahe, verehrter Fürst!«

Fürst: »Ja meine Liebe, die Zeiten, wo wir noch unbehelligt unter uns sein konnten, sind wohl ein für allemal vorbei.«

Gräfin: »Ich kann mit diesen ordinären Menschen hier einfach nichts anfangen – ein gepflegtes Gespräch ist einfach nicht möglich.«
(In diesem Moment irrt ein Mann vorbei, der offensichtlich einen starken Druck auf der Blase verspürt, aber die Toilette nicht findet. Ratlos tritt er auf der Stelle und drückt sich seine Hände gegen den Unterleib. Er sieht den Fürsten, zögert zunächst ihn anzusprechen, aber seine Not läßt ihm keine andere Möglichkeit)

Mann: *(verlegen)*
»Äh, Verzeihung, wo kann man denn hier ...«
(Der Fürst sieht ihn mit einem verächtlichen Zug um die Mundwinkel von oben herab an, die Gräfin wendet naserümpfend ihren Kopf beiseite)
»... wo ist denn hier für kleine Jungs, na Sie wissen schon!«
(Der Fürst scheint nicht zu verstehen)
»... wo kann man Hände waschen und so?«
(Der Mann verzweifelt)
»... wo ist der Ort, wo selbst der Kaiser zu Fuß hingeht?«
(Der Fürst begreift, weist wortlos in eine Richtung, der Mann eilt davon. Fürst und Gräfin sehen ihm fassungslos nach)

Gräfin: »Welchen Kaiser meinte er denn?«

Fürst: »Gar keinen, er wollte wissen wo das Scheißhaus ist!«

Gräfin: *(indigniert)*
»Da hätte ich ihm gar nicht geantwortet, dem blöden Pisser!«
(Der Fürst reicht der Gräfin seinen Arm, sie hakt ein und beide schreiten erhobenen Hauptes davon)

Ende

Beim Arzt oder Psychiater

*»Herr Doktor, das sieht schlecht aus!
Sie haben ja gar keinen Auspuff!«*

Meine Frau ist ein Kanarienvogel

Lieber eine Meise unterm Pony als so einen Vogel

Spieldauer:	5 Minuten
2 Personen:	Psychiater, Patient
Raumausstattung und Requisiten:	Spielort ist eine Psychiaterpraxis. Sie können folglich in einem Wohnzimmer auftreten, in dessen Mitte Sie eine Couch und einen Stuhl zusammenstellen. Als Couch kann ebensogut ein einfacher Liegestuhl dienen, über den Sie eine Decke legen. Wichtigstes Requisit ist ein weißer Schuhkarton, in den Sie Luftlöcher stechen. Der Psychiater braucht noch ein Klammerbrett oder einen Notizblock und einen Bleistift.
Kostüme:	Beide Männer können gewöhnliche, nicht festliche Anzüge oder Anzugkombinationen tragen. Der *Psychiater* darf durch ein auffällig buntes Hemd oder eine große Schleife, oder durch buntes Schuhwerk einen Hauch von Exzentrik bekommen. Ebenso kann von seiner Frisur ein widerspenstiger Schopf abstehen, den Sie mit Haarspray haltbar machen können. Eine Nickel- oder Hornbrille verleiht ihm ein intellektuelles Aussehen.

Regie-anweisungen: Die Rolle des *Patienten* schreibt einen leicht angedeuteten Wahnsinn vor: er spricht aufgeregt und führt sehr schnelle, übertrieben eckige Bewegungen aus.
Der *Psychiater* trägt zweischneidige Gefühle zur Schau: Einerseits spricht er den beruhigenden Umgangston von Seelenärzten, auf der anderen Seite reagiert er wie ein »Normalmensch«, der sich nicht sicher ist, ob er auf den Arm genommen wird, mit Mißtrauen und befangenem Lachen.
Der *Schuhkarton* mit dem *Kanarienvogel* steht im zentralen Blickpunkt des Zuschauers. Alle verbalen Äußerungen der Darsteller, die sich darauf beziehen, werden auch gestisch und mimisch unterstrichen. Im Klartext: Jedesmal, wenn es heißt *»meine Frau«,* erfolgt ein Fingerzeig oder eine Kopfwendung in Richtung des Kartons.

Eröffnungs-szene: Der Psychiater sitzt auf seinem Stuhl und macht Notizen:

Psychiater: »Der nächste bitte!«
(Ein aufgeregt wirkender Mann mit einem Schuhkarton in der Hand kommt auf ihn zugeeilt und stellt sich vor)

Patient: »Grüß Gott Herr Doktor, mein Name ist Pfeiffer. Ich komme zu Ihnen wegen meiner Frau.«
(Er deutet eifrig auf den Schuhkarton)

Psychiater: *(überzeugt, einen Irren vor sich zu haben)*
»Soso, wegen Ihrer Frau kommen Sie also . . .
(weist ihm einen Sitzplatz zu)
. . . nehmen Sie doch erst einmal Platz, Herr Pfeiffer, und dann erzählen Sie mir erst einmal, was Ihrer Frau denn fehlt.«

Patient: *(setzt sich und berichtet aufgeregt)*
»Ja, wissen Sie, meine Frau glaubt, sie sei ein Kanarienvogel! Ich hab sie Ihnen gleich mitgebracht, damit Sie es ihr ein für allemal ausreden. Wollen Sie sie sehen?«
(Er öffnet die Schachtel einen kleinen Spalt und läßt den Psychiater hineinschauen. Dieser prüft kopfnickend den Inhalt und meint sachlich)

Psychiater: »Herr Pfeiffer, das da in der Schachtel ist ein ganz normaler Kanarienvogel.«

Patient:	*(triumphierend)* »Ah! Sehen Sie! Sie sind auch auf sie reingefallen! Sie hat immer schon eine seltsame Macht auf Männer ausgeübt. Nein Herr Doktor, das ist kein ›normaler‹ Kanarienvogel, das ist meine Frau, die sich für einen Kanarienvogel hält!«
Psychiater:	*(sieht den Mann einen Augenblick lang ratlos an und fragt)* »Tja, und wie meinen Sie, soll ich Ihre Frau behandeln?«
Patient:	*(aufgebracht)* »Sagen Sie ihr, sie soll aufhören mit dem Blödsinn!«
Psychiater:	»Herr Pfeiffer, so einfach ist das nicht. Ich kann doch nicht zu einem Kanarienvogel sagen: ›Hör auf mit dem Blödsinn!‹«
Patient:	*(noch aufgebrachter)* »Wieso denn nicht? Ich meine, wenn ein Kerl hier reinkommt und behauptet, er sei Napoleon, dann sagen Sie ihm doch auch, daß er aufhören soll mit dem Blödsinn, oder?« *(Der Psychiater kaut ratlos an seinem Stift)* »Der einzige Unterschied ist, daß sie denkt, sie sei ein Vogel. Also los, sagen Sie's ihr!«
Psychiater:	»Warum sagen Sie's ihr denn nicht selber?«
Patient:	*(lamentiert)* »Auf mich hört sie ja nicht – sie hat noch nie auf mich gehört – auch früher nicht.« *(Eindringlich fordernd hält er dem Psychiater die Schachtel unter die Nase)* »Sie müssen es ihr sagen!« *(Der Psychiater wird sich der grotesken Situation bewußt und muß lachen. Er tippt mit dem Finger auf die Schachtel und meint mit gespieltem Ernst und beschwörendem Tonfall)*
Psychiater:	»Frau Pfeiffer, hören Sie mich? Hier spricht Ihr Psychiater. Sie müssen aufhören mit dem Blödsinn!«
Patient:	*(reißt erwartungsvoll die Schachtel wieder an sich, wirft einen kurzen Blick hinein und ist sichtlich enttäuscht)* »Oh, es hat nicht gewirkt, sie ist immer noch ein Kanarienvogel!«

Psychiater: *(ironisch)*
»So was dauert eben seine Zeit, besonders in so schweren Fällen wie diesem.«

Patient: *(energisch)*
»Herr Doktor, es muß dringend etwas geschehen! Die Nachbarn reden schon!«

Psychiater: *(schmunzelnd)*
»Das wundert mich gar nicht!«

Patient: *(beleidigt)*
»Doch nicht meinetwegen, sondern wegen ihr! Mir macht das nichts aus, wenn morgens mein Schlafanzug voller Vogelfutter ist, oder wenn sie beim Herumflattern in der Küche mal was fallen läßt – aber ich muß ja auch an unsere Kinder denken . . . «

Psychiater: *(neugierig erstaunt)*
»Sie haben Kinder?«

Patient: *(freudig, voller Stolz)*
»Ja, wir haben Zwillinge, Hansi und Pipifax – und noch ein Ei namens Rudi.«

Psychiater: *(verdreht die Augen)*
»Ein Ei namens Rudi?!«

Patient: *(lächelnd)*
»Gell, ein blöder Name für ein Ei. Ich wollte es ja auch lieber Brigitte nennen. Das paßt besser!«

Psychiater: *(überzeugt, daß mit dem Mann etwas nicht in Ordnung ist, wird nachdenklich und fragt forschend)*
»Sagen Sie, Herr Pfeiffer, wann fingen Sie denn damit an zu glauben, daß dieser Kanarienvogel Ihre Frau ist?«

Patient: »Das war genau am letzten Dienstag,
(überlegt noch einmal)
ja, richtig, letzten Dienstag war's. Da komme ich pünktlich wie immer um 10 Minuten nach 7 Uhr nach Hause, gehe in die Küche – und da sehe ich sie auf dem Fensterbrett sitzen.«

Psychiater: »Und wie sind Sie darauf gekommen, daß das Ihre Frau ist?«

Patient: »Ich fragte: Bist Du das, Maria? Und sie widersprach nicht. Plötzlich dämmerte es mir, ich sagte: Mein Gott, wie schrecklich! Maria – Du hältst Dich für einen Kanarienvogel ...«

Psychiater: *(blickt eindringlich ratlos den Mann an und meint resigniert)*
»Ich glaube, es ist sehr schwierig für mich, Ihnen da zu helfen – mir ist noch nie ein ähnlicher Fall begegnet.«

Patient: *(ungläubig)*
»Ach was! Das gibt's doch gar nicht! Im Augenblick häufen sich doch solche Fälle geradezu!«

Psychiater: *(stutzt)*
»Wie bitte? Solche Fälle häufen sich?«

Patient: *(erregt)*
»Aber ja doch! Am letzten Dienstag ist jemandem in der Nachbarschaft das gleiche passiert wie meiner Frau.«

Psychiater: *(fassungslos und sehr interessiert)*
»Das ist ja unglaublich!«

Patient: »Aber wahr! Es ist der Mann von meiner Nachbarin, gleich nebenan, der hält sich jetzt auch für einen Vogel!
Komisch, was? Und was noch komischer ist: Er, der Nachbar, und sie, meine Frau, wurden am gleichen Dienstagmittag zusammen auf dem Flughafen beim Essen gesehen –«

Psychiater: *(begreift und wendet sich mit dem Gesicht zum Publikum und meint mit trockenem Humor)*
»Da hat bestimmt mit dem Essen etwas nicht gestimmt.«
(Beide verharren in ihrer Pose, bis das Publikum reagiert)

Ende

Kontaktschwierigkeiten

Ran wie Blücher

Spieldauer: 1–2 Minuten

2 Personen: Psychiater, Patient

Raumausstattung und Requisiten: Psychiaterpraxis, siehe vorhergehenden Sketch.

Kostüme: Wie vorher.

Regieanweisungen: Der *Patient* verkörpert jemanden, der aufgrund von offensichtlicher Verklemmtheit Kontaktschwierigkeiten zum anderen Geschlecht hat. Er sollte in seine Darstellung folglich eine gewisse Farblosigkeit legen: langsam, unauffällig gehen, eine schüchterne Körperhaltung und einen eher leblosen Gesichtsausdruck haben und monoton leiernd sprechen.
Der *Psychiater* glaubt von vorneherein das Problem analysiert zu haben. Er reagiert deswegen nicht mit neugierigem Interesse, sondern nimmt die Auskünfte des Mannes nur als Bestätigung seiner Vermutung entgegen: Er nickt mit dem Kopf und lächelt wissend.

Die *Pointe* des Sketches, eine sog. »überraschende Wendung«, kommt für ihn genauso unerwartet wie für den Zuschauer. Beide sind durch das Spiel des Mannes gleichermaßen in die Irre geleitet worden.

Anmerkung: Der *Patient* kann ebensogut eine Patientin sein. Für sie gelten die gleichen Regieanweisungen. Kostüm und Frisur sollten durch extreme Biederkeit auffallen und das typische »Mauerblümchen« darstellen.

Eröffnungsszene: Ein Psychiater sitzt auf einem Stuhl am Kopfende einer Couch und macht letzte Notizen auf seinem Schreibblock. Er blättert um und eröffnet den Sketch:

Psychiater: »Der nächste bitte!«
(Ein resigniert wirkender Mann tritt auf ihn zu, der Psychiater reicht ihm die Hand)

Psychiater: »Guten Tag, Herr ...?«

Patient: »... Meisenbruch, Wilhelm Meisenbruch.«

Psychiater: *(weist mit einer Geste auf die Couch)*
»Ja denn, Herr Meisenbruch, legen Sie sich erst einmal hin, machen Sie es sich bequem, entspannen Sie sich ...
(Der Mann legt sich ein bißchen umständlich hin)
... und dann erzählen Sie mir mal in aller Ruhe, was Sie denn für Probleme haben.«

Patient: *(kleinlaut und mutlos)*
»Gern Herr Doktor, aber ich glaube, Sie können mir nicht helfen. Mein Problem ist sehr kompliziert ...«

Psychiater: *(freundlich mit routinierter Geduld)*
»Aber dazu bin ich doch da. Erzählen Sie mir doch erst einmal, worum es geht.«
(Er setzt gespannt den Bleistift an)

Patient: *(etwas zögernd)*
»... na gut, es geht um meine Beziehung zum ... zum anderen Geschlecht ... ich würde so gern mal mit hübschen Mäd-

chen ausgehen . . . um ehrlich zu sein, bin ich ganz wild darauf, mit hübschen Mädchen . . .
(Er sucht nach dem richtigen Wort)
. . . auszugehen, aber es klappt einfach nicht.«

Psychiater: »Hatten Sie denn schon mal Kontakte mit . . . wie Sie es nennen ›hübschen Mädchen‹?«

Patient: *(lebhaft)*
»O ja!«
(dann wieder traurig)
»Aber das ist mindestens acht oder neun Jahre her, daß ich ein Mädchen kennengelernt habe.«

Psychiater: *(legt seinen Notizblock beiseite, der Patient richtet sich auf. Der Psychiater klopft ihm auf die Schulter und meint mit beruhigender Stimme)*
»Herr Meisenbruch, ich kann Sie beruhigen. Ihr Problem ist ein Problem, das viele Menschen haben – es fehlt Ihnen nur ein bißchen mehr Selbstbewußtsein. Ich empfehle Ihnen ein paar Stunden psychogenes Training, und dann sind Sie felsenfest davon überzeugt, daß sich die Frauen nach Ihnen verzehren.«

Patient: *(hat sich nicht ermutigen lassen)*
»Davon bin ich auch jetzt schon überzeugt, Herr Doktor. Wenn ich mich mit einem hübschen Mädchen verabreden würde, dann würde das ganz sicher ein toller Abend für mich werden . . .
(bekräftigt)
. . . ein ganz toller Abend!«

Psychiater: *(ermunternd)*
»Ja, und warum machen Sie's dann nicht?«

Patient: *(trocken)*
»Meine Frau hat was dagegen!«
(Der Patient verzieht keine Miene, der Psychiater schaut konsterniert ins Publikum)

Der Automechaniker

Lustig ist das Psychiaterleben . . .

Spieldauer: 1 Minute

2 Personen: Psychiater, Patient

Raumausstattung und Requisiten: Psychiaterpraxis, siehe vorhergehenden Sketch

Kostüme: Wie bei vorhergehendem Sketch

Eröffnungsszene: Der Psychiater eröffnet den Sketch mit:

Psychiater: »Der nächste bitte!«
(Ein aufgeregter Mann in einem blauen Drillichanzug kommt herein)

Patient: »Herr Doktor, ich leide unter der fixen Idee, ich wäre ein Automechaniker!«

Psychiater: *(Blickt ihn prüfend an und verweist ihn mit einer Handbewegung auf die Couch)*

»Na, dann legen Sie sich erst einmal hin.«
(Der Patient betrachtet einen Augenblick die Couch, kriecht darunter und meint besorgt)

Patient: »Herr Doktor, das sieht sehr schlecht aus! Sie haben ja gar keinen Auspuff!«
(Der Psychiater, der nicht bemerkt hat, daß der Patient unter die Couch gekrochen ist, dreht sich in Richtung Patient um und stutzt)

Ende

Nachwuchssorgen

Vater werden ist nicht schwer . . .

Spieldauer: 5 Minuten

3 Personen: Frau, 3 Männer

Raumausstattung und Requisiten: Der Sketch spielt in einer Arztpraxis. Wählen Sie deshalb als Spielort einen Raum mit weißen Wänden, die der hygienischen Ausstrahlung von Arztpraxen entsprechen.
Ferner brauchen Sie drei Stühle und einen schweren Schreibtisch, den Sie mit diversen Büromaterialien beladen (Karteikästen, Akten, Notizblöcke, Schreibzeug usw.).
Wenn vorhanden, können Sie die Wände noch mit wissenschaftlichen Zeichnungen behängen oder ein Skelettmodell aufstellen.

Kostüme: Für den *Arzt* benötigen Sie einen weißen Kittel, helle Hosen und weiße Clogs. Kleinrequisiten wie Kugelschreiber und Fieberthermometer in der Brusttasche oder ein Stethoskop um den Hals vervollständigen das Bild, sind aber nicht unbedingt notwendig.
Das *Ehepaar* sollte sehr bieder gekleidet sein, um gleich von Anfang an einen »hinterwäldlerischen« Eindruck zu erzeugen. Nehmen Sie dazu Alltagskleidung, die seit gut 10 Jahren aus der Mode gekommen ist, wie z. B. einen Anzug, dessen Hosen

einen weiten Schlag haben, dazu klobige Schuhe und ein buntes Hemd mit großen Kragenschößen.
Die *Frau* kann einen Rollkragenpullover und einen weiten Faltenrock tragen; darunter muß unbedingt ein dickes Kissen Platz haben, das ihr ein schwangeres Aussehen verleiht.
Sollte die Spielfläche nicht im Dunkeln betreten werden können oder sollte es der Frau unmöglich sein, ihren »Bauch« vor dem Publikum zu verbergen, sollte sie zusätzlich einen weitgeschnittenen Mantel darüber anziehen.

Regieanweisungen: Ein Großteil der Komik dieses Sketches beruht darauf, daß das *Ehepaar* offensichtlich etwas »unterbelichtet« ist.
Die *Frau* sagt während des Sketches kein Wort, sie verfolgt nur mit dummem Gesichtsausdruck, allerdings sehr aufmerksam, den Dialog zwischen dem Arzt und ihrem Mann. Ihre einzige Äußerung ist hin und wieder ein verschämtes Kichern, das in seiner penetranten Einförmigkeit und in der ständigen Wiederholung komisch wirken soll.
Der *Mann* sollte seine Rolle mit erbarmungswürdiger Naivität spielen, einen stumpfen Gesichtsausdruck, langsame Reaktionen und einen gutmütigen, aber einfältigen Tonfall haben.
Die Rolle des *Arztes* ist etwas hintergründig angelegt: Auf der einen Seite zehrt die Begriffsstutzigkeit des Mannes an seinen Nerven, was durch mimische Äußerungen wie Zucken der Mundwinkel und Verdrehen der Augen zum Ausdruck kommt, andrerseits bemüht er sich mit höflichem, freundlichem ärztlichem Umgangston, das Ehepaar davon nichts merken zu lassen.

Anmerkung: Die *Pointe* besteht darin, daß die Frau bereits schwanger ist: Deshalb ist es unbedingt notwendig, daß diese »Schwangerschaft« vor dem Publikum so lange verborgen bleibt, bis der Arzt sie bemerkt. Der Spielort sollte deshalb möglichst im Dunkeln (Blackout) betreten werden können.

Eröffnungsszene: Ein Ehepaar wartet auf den Arzt in dessen Praxis vor seinem Schreibtisch. Die Frau sitzt mit dem Rücken zum Publikum, der Mann in Profil. Dazwischen lassen sie die Sicht auf den Sessel des Arztes frei. Der Mann schaut ziemlich ratlos drein, die Frau kichert verstohlen. Der Arzt kommt hereingeeilt und entschuldigt sich:

Arzt: »Tut mir leid, daß es etwas gedauert hat. Aber ich hatte noch etwas im Labor zu erledigen.«
(Er setzt sich hin, faltet die Hände und meint freundlich)
»Nun, Herr und Frau Peters, was kann ich denn für Sie beide tun?«
(Das Ehepaar sieht sich ratlos an, die Frau kichert und gibt ihrem Mann ein Zeichen, daß er sprechen soll)

Mann: *(zögernd)*
»Also, Herr Doktor, folgendes:
Meine Frau und ich ... wir haben vor fünf Jahren etwa geheiratet. Und jetzt ... jetzt haben wir beschlossen, daß wir endlich ...
(Frau kichert)
... endlich ein Kind haben wollen.«
(Mann atmet erleichtert auf)

Arzt: *(freundlich)*
»Sehr vernünftig, Herr Peters. Und haben Sie es schon ... äh ... versucht?«
(Frau kichert verlegen)

Mann: *(begriffsstutzig)*
»Was versucht?«

Arzt: »Na, eben versucht, ein Kind zu bekommen?«

Mann: »Wer? Ich? Ich soll ein Kind bekommen?«

Arzt: *(lächelt)*
»Nein, Sie doch nicht. Ihre Frau natürlich!«

Mann: *(einfältig)*
»Ach so!«
(Er schaut ratlos seine Frau an, diese jedoch kichert nur)

Arzt: *(gibt Hilfestellung)*
»Haben Sie beide schon irgendwas in die Wege geleitet, um ein Kind zu kriegen?«

Mann: »Nein, wir wollten gar kein Kind kriegen, wir wollten erst selber eines machen.«

Arzt: *(ermunternd)*
»Und warum ›machen‹ Sie dann nicht einfach?«

Mann: »Man hat zu uns gesagt, wir sollen erst einmal zu Ihnen gehen, weil Sie uns dabei helfen können.«

Arzt: »Ja natürlich, helfen kann ich da schon – aber ich schlage vor, Herr Peters, Sie gehen jetzt erst einmal nach Hause und machen das, was andere Leute auch tun, wenn sie ein Kind haben wollen.«

Mann: *(grinst einfältig)*
»Klar! Aber was ist das?«

Arzt: *(verlegen)*
»Herr Peters, Sie wissen schon, das Übliche.«

Mann: »Was ist das Übliche?

Arzt: *(ein bißchen ungeduldig)*
»Ja, der übliche Vorgang der Zeugung eben . . . «

Mann: *(begreift)*
»Ah ja! . . . und wie geht das?«

Arzt: »Das sollten Sie aber wissen, wenn Sie ein Kind haben wollen, Herr Peters!«

Mann: *(naiv)*
»Meinen Sie vielleicht Onkel Doktor spielen?«

Arzt: *(verzieht das Gesicht)*
»Nicht ganz!«
(vertraulich)
»Herr Peters, Sie brauchen sich vor mir nicht zu schämen, ich bin Arzt.«
(Der Mann nickt)
»Also: Wenn Sie . . . abends . . . mit Ihrer sehr hübschen Frau
(Die Frau kichert)
. . . ins Bett gehen, . . . dann . . . dann machen Sie doch etwas miteinander?«

Mann: *(interessiert)*
»Was denn?«

Arzt: *(ermunternd)*
»Na ja, etwas, was Ihnen vielleicht peinlich ist – worüber Sie nicht gerne reden. Gibt es da etwas?«
(Der Mann sieht seine Frau an, beide kichern)

Mann: *(geständig)*
»Ja.«

Arzt: »Und was ist es? Was machen Sie da?«

Mann: *(zögert)*
»Das mag ich nicht sagen.«

Arzt: *(flehend)*
»Jetzt sagen Sie's mir doch!«

Mann: »Wenn meine Frau und ich im Bett liegen, dann ...
(Frau kichert)
... dann machen wir ... dann machen wir schon mal ... den Fernseher an und gucken Dallas!«

Arzt: *(erschüttert)*
»Im Bett?«

Mann: »Ja, im Bett!«

Arzt: »Du liebe Güte! Wenn Sie mit Ihrer hübschen Frau im Bett liegen, bekommen Sie da keine Gelüste?«

Mann: *(naiv)*
»Nein, ich nicht ... aber meine Frau.«
(Die Frau kichert)

Arzt: *(erleichtert)*
»Na bitte! Und was sind das für Gelüste?«

Mann: »Meine Frau gelüstet sich neuerdings nach Rollmops mit Erdbeermarmelade.«

Arzt: *(schlägt die Hände über dem Kopf zusammen)*
»Du lieber Himmel! Hatten Sie denn niemals Sexualkundeunterricht?«

Mann: *(ratlos)*
»Nein.«

Arzt: »Haben Ihnen Ihre Eltern denn nie erzählt, woher Sie kommen?«

Mann: »Aber ja doch: Mutter aus Bergisch-Gladbach und Vater aus Krefeld.«

Arzt: *(verzweifelt)*
»Nein, nein, nein! Ich meine, wo waren Sie, bevor Sie zur Welt gekommen sind?«

Mann: In Düsseldorf, glaub' ich.«
(Der Arzt atmet einmal schwer durch und meint resigniert)

Arzt: »Ich glaub', ich muß bei Adam und Eva anfangen!
Frau Peters, würden Sie sich bitte ganz freimachen, damit ich Ihren Mann aufklären kann!«
(Die Frau kichert, steht auf und legt ihren Mantel ab. Es wird sichtbar, daß sie schwanger ist)
»Um Gottes willen, Ihre Frau ist ja hochschwanger!«

Mann: *(besorgt)*
»Hoffentlich ist das nichts Schlimmes!
Können wir deshalb kein Kind bekommen?«
(Der Arzt schaut fassungslos ins Publikum, die Frau kichert wie gehabt)

Diätvorschriften

Naschen ist erlaubt

Spieldauer: 1 Minute

2 Personen: Arzt, Patientin

Raumausstattung und Requisiten: Arztpraxis wie im vorangegangenen Sketch.

Kostüme: *Arzt* wie gehabt.
Die *Frau* kann gewöhnliche Alltagskleidung tragen.
Die Darstellerin sollte nach Möglichkeit von Natur aus ziemlich wohlbeleibt sein. Ist dies nicht der Fall, kann sie Kleidung in Übergröße mit Füllmaterial (Sofakissen, gewrungene Handtücher usw.) ausstopfen.

Regieanweisung: Der Zuschauer soll in die Irre geleitet werden, wenn die Frau gesteht, sie habe ihrem Mann »etwas« abgebissen! Die harmlose Aufklärung des Arztes, das Wort »Ohr«, sollte deshalb aufreizend hämisch präsentiert werden.

Eröffnungsszene: Der Arzt sitzt hinter seinem Schreibtisch und macht Notizen. Er legt sein Schreibzeug beiseite, reibt die Hände und eröffnet den Sketch:

Arzt: »Der nächste bitte.«
(Eine wohlbeleibte Frau tritt ein. Er erhebt sich, streckt ihr die Hand entgegen und meint freundlich)
»Ja, Frau Burger, kommen Sie rein und nehmen Sie Platz!«
(Die Frau nimmt seine Hand, öffnet kurz den Mund, als ob sie hineinbeißen wollte, setzt sich aber dann schwerfällig)
»Was fehlt uns denn, Frau Burger?«
(Die Frau schluckt auffällig)
»Zeigt die Diätkur, die ich Ihnen verordnet habe, schon ein Resultat?«

Frau: *(nickt)*
»Das kann man wohl sagen! Ich bin auch deswegen sehr beunruhigt, Herr Doktor.«

Arzt: »Haben Sie sich denn genau an meine Vorschriften gehalten?«

Frau: *(über alle Zweifel erhaben)*
»Ja, natürlich!«

Arzt: *(neckisch)*
». . . und auch kein bißchen genascht?«

Frau: *(verlegen)*
»Ja und nein. Ich habe bloß, seit ich mit der Diät angefangen habe, ein paar eigentümliche Angewohnheiten . . .«

Arzt: *(stutzt und beugt sich interessiert vor)*
»Ach, erzählen Sie!«

Frau: *(verschämt)*
»Na ja, ich trau' es mich fast gar nicht zu sagen, aber letzte Nacht habe ich vor Hunger jede Beherrschung verloren, und . . .«

Arzt: *(gespannt)*
»Und?«

Frau: »... und meinem Mann etwas ... abgebissen.«

Arzt: *(entsetzt)*
»Um Gottes willen! Was denn?«

Frau: *(verlegen)*
»Ich trau' mich's kaum zu sagen ...«
(sie flüstert ihm etwas ins Ohr, er zieht die Augenbraue hoch und meint)

Arzt: »Das ist nicht weiter schlimm, Frau Burger!«
(er wendet sich zum Publikum)
»So ein Ohr hat ganz wenig Kalorien!«

Ende

Die Schonfrist

Die Ärzte nehmen's von den Lebenden

Spieldauer: etwa 1 Minute

2 Personen: Arzt, Patient

Raumausstattung und Requisiten: Arztpraxis wie vorher.

Kostüme: *Arzt* wie vorher. Der *Patient* sollte ein alter Mann sein. Nehmen Sie deshalb einen alten, abgetragenen Anzug in einer gedeckten Farbe. Darunter einen ebenfalls alten Pullover. Er kann eine Kopfbedeckung tragen und am Stock gehen. Helle Schminke mit roten Augenrändern (Lippenstift) und bläuliche Lippen geben dem Darsteller ein krankes Aussehen.

Regieanweisung: Der *Patient* soll sehr kränklich wirken. Sitzen Sie deshalb gebeugt, machen Sie zitternde Gesten und sprechen Sie mit schwacher Stimme.

Eröffnungsszene: Ein Mann sitzt wartend im Behandlungszimmer des Arztes. Der Arzt tritt mit einer Karteikarte in der Hand ein und schaut sorgenvoll. Er setzt sich und meint ernst:

Arzt: »Ja, Herr Oppelmann, ich habe sehr betrübliche Nachrichten für Sie . . .«

Mann: *(ängstlich)*
»Welche denn? Sagen Sie mir die ganze Wahrheit.«

Arzt: *(teilnahmsvoll)*
»Tja, ich fürchte, Sie haben nur noch sechs Wochen zu leben.«

Mann: *(erschüttert)*
»Nur noch sechs Wochen? Ist das alles?«

Arzt: *(schließt die Augen und nickt)*
»Ja.«

Mann: *(vergräbt sein Gesicht in seinen Händen)*
»Sechs Wochen! Und Sie können gar nichts mehr machen?«

Arzt: *(hoffnungslos)*
»Ich fürchte nein.«

Mann: *(niedergeschlagen)*
»Das ist nicht zu glauben. Sechs Wochen sind sehr wenig Zeit. Ich kann ja bis in sechs Wochen nicht einmal Ihre Rechnung bezahlen.«

Arzt: *(stutzt, überlegt kurz und meint kompromißbereit)*
»Na, wenn das so ist . . ., sagen wir: acht Wochen!«
(Er nickt zufrieden dem Publikum zu)

Aus dem Apotheker- und Drogisten-Alltag

»Gab es da nicht eine Pille oder Schönheitsdroge?«

Das Shampoo

Waschen Sie Ihr Haar, solange Sie noch welches haben

Spieldauer: 3–4 Minuten

2 Personen: Drogistin, Kundin

Raumgestaltung und Requisiten: Dieser Sketch kann an jedem beliebigen Ort gespielt werden, wichtig ist nur, daß Sie einen relativ nüchternen Hintergrund wählen, z. B. eine weiße Wand, vor der Sie spielen. Sie brauchen dann nur noch eine improvisierte Ladentheke, z. B. einen Tisch, den Sie mit einem weißen Tuch abhängen. Gruppieren Sie darauf einige Artikel aus Ihrem Arzneimittel- oder Badezimmerschrank.

Sammeln Sie ungefähr zehn leere Shampooflaschen und stellen Sie diese in Reihe auf.

Auf dem Tisch sollte eine Topfpflanze stehen, dazu ein Wassergefäß zum Gießen. Sie verstärken die Illusion, daß es sich um eine Drogerie handelt, wenn Sie aus Illustrierten Arzneimittelreklame ausschneiden, auf Karton aufziehen und die Szenerie damit dekorieren.

Kostüme: Die *Drogistin* sollte gepflegt gekleidet sein und einen weißen, offenen Kittel tragen.

Die *Kundin* darf verschroben aussehen, mit Mantel, Handtasche und einem Kopftuch oder Turban, der ihr Haar versteckt.

Regie-anweisungen: Die *Drogistin* sollte den freundlichen Tonfall des Verkaufsgewerbes treffen.
Die *Kundin* darf exzentrisch angelegt werden, d. h. sie darf übertrieben affektiert sprechen, kann aber genausogut einen groben Dialekt für ihren Vortrag wählen.
Spielen Sie leicht seitlich, so daß keine Person die andere verdeckt oder mit dem Rücken zum Publikum steht.

Anmerkungen: Es ist nicht unbedingt notwendig, daß Sie diesen Sketch mit zwei Frauen besetzen – der *Kunde* kann ebensogut ein Mann sein. Einen zusätzlichen Effekt erzielen Sie, wenn Sie dafür einen Glatzköpfigen gewinnen können.

Eröffnungs-szene: Die Verkäuferin gießt die Pflanze auf der Ladentheke, als eine Kundin die Drogerie betritt:

Verkäuferin: *(nickt freundlich)*
»Guten Tag.«

Kundin: *(reagiert mit einem unwirschen Tonfall)*
»Auch guten Tag! Ein Shampoo bitte!«

Verkäuferin: *(bleibt freundlich)*
»Gerne, an was haben Sie denn dabei gedacht?«

Kundin: *(unduldsam)*
»Das sagte ich bereits! An ein Shampoo!«

Verkäuferin: *(zeigt auf die vielen verschiedenartigen Shampoos)*
»Ja! Aber wir haben da eine sehr große Auswahl. Shampoos mit Ei, Alkohol oder Zitrone. Was bevorzugen Sie denn?«

Kundin: *(gereizt)*
»Wie soll ich das wissen, bevor ich es ausprobiert habe?«

Verkäuferin: *(bleibt geduldig und gelassen)*
»Wenn Sie Ihr Haar gewaschen haben, wie fällt es dann aus? Glatt oder strähnig?«

Kundin: *(antwortet trocken)*
»Weder – noch! Es fällt einfach aus! Eines nach dem anderen!«

Verkäuferin: *(schüttelt den Kopf)*
»Nein, ich meine, wie fühlt es sich an?«

Kundin: *(überlegt kurz und antwortet wie aus der Pistole geschossen)*
»Seifig!«

Verkäuferin: *(atmet schwer durch, bleibt aber freundlich)*
»Wie sieht Ihr Haar denn nach dem Waschen aus?«

Kundin: »Woher soll ich das wissen? Ich hab doch die Augen zu, wegen der Seife.«

Verkäuferin: *(atmet schwer durch, rückt sich ihre Shampoos auf der Theke zurecht und meint resigniert)*
»Tja, dann bleibt wohl nichts anderes übrig, als die Shampoos einzeln durchzugehen . . .
(Sie hält eine Packung hoch)
. . . Hier haben wir z. B. ein Shampoo mit Weizenkeimen und Buttermilch . . .
(Die Frau macht eine übertrieben abweisende Handbewegung)
. . . oder dieses hier ist mit Kürbisöl und Gurkenmüsli . . .«

Kundin: *(schüttelt den Kopf und deutet auf eine andere Packung)*
». . . und was ist das da?«

Verkäuferin: *(reicht ihr die Packung)*
»Das ist ein Kräutershampoo.«

Kundin: *(begutachtet die Packung)*
»Ein Kräutershampoo? Schade! Ich will ja nicht irgendwelche Kräuter waschen, sondern mein Haar!«
(Sie stellt die Packung zurück)

Verkäuferin: *(zum erstenmal etwas gereizt)*
»Ein Kräutershampoo ist ja auch ein Shampoo für's Haar! Das heißt nur, daß Kräuter darin enthalten sind, die dem Haar einen würzigen Duft verleihen!«

Kundin: (unbeeindruckt)
»Tut mir leid, ich will mein Haar auch nicht würzen, ich will es einfach nur waschen!«

Verkäuferin: *(zwingt sich zur Höflichkeit und spricht sehr schnell)*
»Ja und dann haben wir da noch Shampoo mit Roßkastanienextrakt, mit Mandelblüten, mit Nußöl, mit Kamille, mit Rosenblättern und mit Salbei. Das ist alles! Und welches hätten Sie gern?«
(Sie blickt die Kundin scharf an)

Kundin: *(mit tückischem Grinsen)*
»Gar keins! . . . und wenn ich gern eins hätte, dann mit Bratensaft und Gorgonzola-Geschmack!«

Verkäuferin: *(übertrieben freundlich, aber mit einem bösen Funkeln in den Augen)*
»O wie schade, das führen wir nicht!
(Sie winkt die Kundin näher heran)
» . . . aber ich kenne ein todsicheres Mittel gegen trockenes Haar.«

Kundin: *(neugierig)*
»Und was ist das?«

Verkäuferin: *(kippt ihr aus der Kanne, mit der sie vorher die Pflanze gegossen hat, reichlich Wasser über den Kopf)*
»Wasser – bitte sehr!«
(Beide wenden sich dem Publikum zu; die Kundin verharrt in der Pose des begossenen Pudels, die Verkäuferin lächelt böse dazu)

Zweifelhafte Komplimente

Schmerzhafte Wahrheiten

Spieldauer:	5 Minuten
2 Personen:	Drogistin, Kunde
Raumausstattung und Requisiten:	Dieser Sketch spielt in der gleichen Dekoration wie der vorangegangene.
Kostüme:	Die *Drogistin* trägt einen weißen, offenen Kittel. Darunter Rock und Bluse in möglichst auffälligen Farben und eventuell großflächigen Mustern. Die Kombination soll dem entsprechen, was man allgemein als »geschmacklos« bezeichnet. Der *Kunde* trägt unauffällige Alltagskleidung, die seinen schüchternen Typus unterstreichen soll.
Regieanweisungen:	Der *Kunde* sollte seine Verklemmtheit vor allem durch seinen Körper zum Ausdruck bringen: Er geht zögernd, hält sich die zu Fäusten eingerollten Hände schützend vor den Leib, steht verkrampft mit eingezogenem Kopf da. Nervöse Gesten, wie sich am Kopf kratzen oder Fingernägel kauen, unterstreichen diesen Eindruck. Seine Sprechweise ist langsam, manchmal stotternd mit zurückgehaltener Tonfärbung.

Die *Drogistin* sollte in etwa dem Klischee einer Lehrerin entsprechen, ein solides Selbstbewußtsein und freundliche Autorität ausstrahlen. Sie erreicht dies durch aufrechte, offene Körperhaltung, sicher ausgeführte Gesten und deutlich artikulierte Sprache.

Eröffnungsszene: Eine Drogistin ist damit beschäftigt, ihre Artikel mit Preisen auszuzeichnen. Als ein schüchtern wirkender Mann eintritt, wendet sie sich um und grüßt ihn freundlich:

Drogistin: »Guten Tag. Darf ich Ihnen behilflich sein?«

Kunde: *(nickt schüchtern)*
»Ja, ich ... ich hab da ein Problem ...«

Drogistin: *(lächelt ermunternd)*
»Ja?«

Kunde: *(nimmt seinen Mut zusammen)*
»Ich bin ein viel zu umgänglicher Mensch ... ich bin immer lieb und freundlich ... und habe für jeden ein gutes Wort ...«

Drogistin: *(freundlich)*
»Aber das ist doch nichts Schlimmes! Wo ist denn da das Problem?«

Kunde: »Das Problem ist, daß ich es einfach nicht fertigbringe, die Wahrheit zu sagen ... – übrigens: Sie tragen eine bezaubernde Bluse.«

Drogistin: *(angenehm überrascht)*
»Oh, danke sehr!«

Kunde: »Sehen Sie, genau das habe ich gemeint!«

Drogistin: *(irritiert)*
»Was denn?«

Kunde: *(erklärt)*
»Ich habe Ihnen ein Kompliment wegen Ihrer Bluse gemacht, damit Sie mich für einen netten Menschen halten.«

Drogistin:	*(bestätigt)* »Aber ja!«
Kunde:	»Aber nein! Ich kann nur nicht aussprechen, was ich wirklich denke, weil Sie ein so charmantes Lächeln haben.«
Drogistin:	*(erfreut)* »Danke, sehr nett!« *(überlegt)* ». . . das heißt, wenn ich Sie richtig verstanden habe, daß Ihnen meine Bluse nicht gefällt, und daß mein Lächeln auch nicht charmant ist?!«
Kunde:	*(windet sich)* »Doch doch! Nein! Das heißt, . . . ich möchte nur ein einziges Mal die Wahrheit über meine Lippen bringen, und deshalb bin ich zu Ihnen gekommen, um zu fragen, ob es da nicht eine Pille oder eine Wahrheitsdroge gibt.«
Drogistin:	*(lacht)* »Nein, das gibt's leider noch nicht!« *(freundschaftlich)* ». . . aber nehmen Sie doch einmal Ihre ganze Kraft zusammen und überwinden Sie sich. Sie brauchen dazu keine Pille oder Droge – Sie sollen einfach nur sagen, was Sie denken!«
Kunde:	*(erschrocken)* »Ich soll sagen, was ich denke?!«
Drogistin:	*(ermunternd)* »Aber ja!«
Kunde:	*(kopfschüttelnd)* »Das kann ich nicht . . .«
Drogistin:	*(macht ihm Mut)* »Sie müssen es nur einmal versuchen! Es ist ganz einfach . . . *(Sie geht um die Ladentheke und stellt sich vor den Mann)* . . . Sagen Sie mir die Wahrheit über . . . über meinen Rock zum Beispiel!« *(Sie lächelt und bewegt sich dabei nicht. Der Mann beäugt den Rock, kratzt sich verlegen, schluckt und stammelt)*

Kunde: »Der Rock ist zum Ko . . ., zum Ko . . . – zum Küssen schön!«

Drogistin: *(hat sich noch nicht bewegt, meint freundlich streng)*
»Die Wahrheit! Die ganze Wahrheit!«

Kunde: *(holt tief Luft)*
»Der Rock ist . . . ist . . . – also mir gefällt Ihr Rock überhaupt nicht!«
(Er atmet auf)

Drogistin: *(triumphierend)*
»Na, haben Sie gesehen, wie einfach es ist, die Wahrheit zu sagen.«

Kunde: *(ungläubig)*
»Und Sie sind überhaupt nicht böse?«

Drogistin: »Nein! Am besten, Sie sagen's gleich nochmal!«

Kunde: *(holt Luft)*
»Also: Ihr Rock ist einfach zum Kotzen!«

Drogistin: *(etwas reservierter)*
»Sehr gut! – weiter!«

Kunde: *(irritiert)*
»Weiter was?«

Drogistin: »Wie gefällt Ihnen meine Bluse und mein Lächeln?«

Kunde: *(überlegt)*
»Ihre Bluse?«
(wird frech)
»In der Bluse sehen Sie aus wie ein liebeskrankes Nilpferd, und Ihr Lächeln ist einfach dämlich!«

Drogistin: *(schluckt und zwingt sich zu einem freundlichen Gesichtsausdruck)*
»Sehen Sie, ich bin kein bißchen beleidigt!«

Kunde: *(freut sich)*
»Ha, das ist unglaublich. Ich kann die Wahrheit sagen, und

niemand ist mir böse! Ich danke Ihnen, Sie haben einen neuen Menschen aus mir gemacht!«
(Er juchzt und fällt ihr um den Hals, läßt sie aber plötzlich los und zieht ein angewidertes Gesicht)
»Ah – Sie stinken ja wie eine verfaulte Kanalratte!«

Drogistin: *(pikiert)*
»Wie bitte?«

Kunde: *(unverschämt)*
»Ich sagte, Sie stinken wie eine verfaulte Kanalratte. Das ist mir sofort aufgefallen, als ich hier reinkam. Da dachte ich mir nämlich, warum zum Teufel wäscht sich diese häßliche Vogelscheuche nicht.«

Drogistin: *(bebt vor Wut)*
»Jetzt ist aber Schluß damit!«

Kunde: *(unbeirrt)*
»Wenn Sie wenigstens hübsch wären, dann könnte man den Gestank ja noch ertragen – aber wenn man so potthäßlich ist wie Sie und dazu noch ein bißchen blöd, dann . . .«

Drogistin: *(schreit)*
»Machen Sie, daß Sie rauskommen, Sie unverschämter Mistkerl!!!«

Kunde: *(dreht sich um)*
»Nichts lieber als das!«

Drogistin: »Und lassen Sie sich hier nicht wieder blicken!«
(Sie wirft ihm einige Gegenstände von der Ladentheke nach)

Kunde: »Sie glauben doch nicht im Ernst, daß ich so ein dummes, stinkendes Aas wie Sie noch einmal wiedersehen will!«
(Er geht ab, die Drogistin schnaubt vor Wut)

Ende

Diverse Sketche

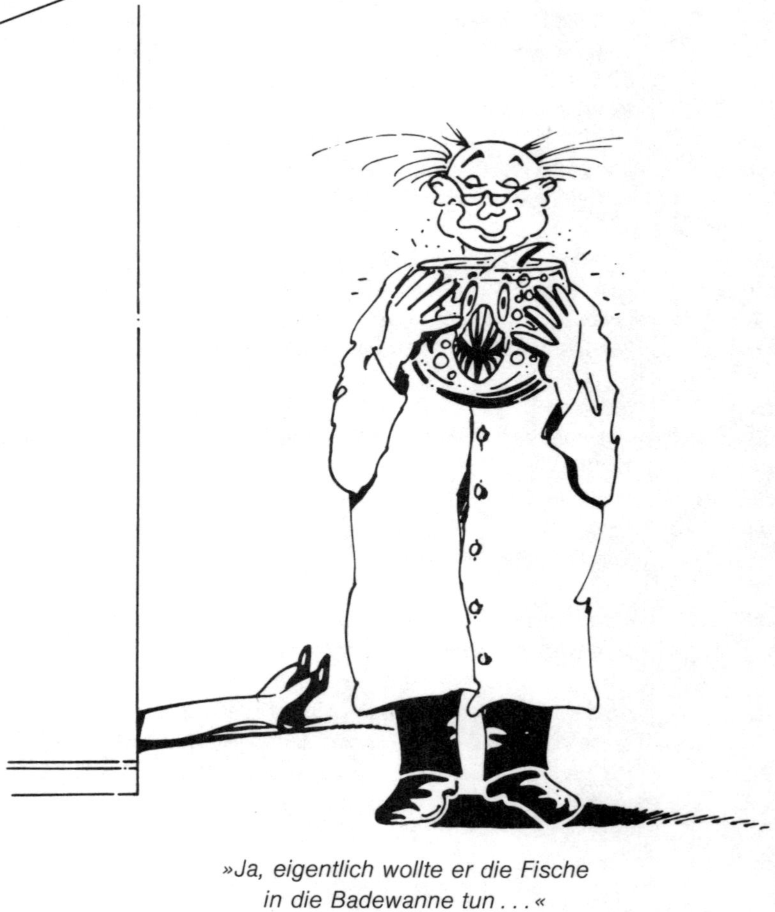

»Ja, eigentlich wollte er die Fische in die Badewanne tun . . .«

Nachgefülltes Obst

Schluß mit den Einwegschalen

Spieldauer: ca. 5 Minuten

3 Personen: Gemüsehändler, Frau, Herr

Raumausstattung und Requisiten: Sie brauchen für diesen Sketch einen Tisch, den Sie als Obst- oder Gemüsestand herrichten. Stellen Sie ein paar Holzsteigen mit diversen Obst- und Gemüsesorten auf, darunter unbedingt Tomaten und Bananen. Ferner benötigen Sie eine Einkaufstasche mit Orangenschalen, eine leere Bananenschale und eine Papiertüte, in der Sie Tomaten verpacken können. Um etwas Marktatmosphäre zu schaffen, können Sie einen Sonnenschirm aufstellen oder den Sketch auf der Terrasse unter einer Markise spielen lassen. Die einfachere Ausgabe des Standes wäre ein simpler Bauchladen, auf dem Sie das Obst transportieren.

Kostüme: Nehmen Sie für den *Gemüsehändler* normale Arbeitskleidung, darüber eine Gärtnerschürze und eventuell eine Kappe oder einen Gärtnerhut.
Die *Frau* sollte wie eine Hausfrau aussehen, die ihre Einkäufe erledigt: normale Straßenkleidung und eine Einkaufstasche.
Der *Mann* mit der Bananenschale sollte eine exzentrische, etwas skurrile Erscheinung sein. Sie erzielen diesen Effekt,

wenn Sie dem Darsteller einen alten, verknitterten und übergroßen Anzug anziehen. Dazu ein weißes Hemd mit hochgeschlagenem Kragen und einem schlechtgebundenen Binder, eine Horn- oder Nickelbrille und eine Mittelscheitelfrisur, die Sie mit Wasser oder Haargel glätten können.

Regieanweisungen: Dieser Sketch hat eine klassische Witzsituation zum Inhalt: Ein *»exotischer Vogel«* mit einem ungewöhnlichen Anliegen trifft auf sog. »normale« Menschen. Deshalb ist es wichtig, daß sich die dargestellten Personen in der Art der Präsentation deutlich unterscheiden.
Der *Gemüsehändler* und die *Frau* sollten weder in Kleidung noch in Sprache und Bewegung irgendwelche Auffälligkeiten zeigen, bestenfalls Umgangssprache mit Dialektfärbung sprechen.
Der *Mann* mit der Bananenschale darf hingegen in jeder Beziehung groteske Züge tragen, z. B. einen staksenden Gang, exaltierte Gestik und einen durchweg verschrobenen Gesichtsausdruck haben. Seinen Text sollte er laut, gestochen und nahezu emotionslos vortragen. Er sollte etwa den Ton treffen, mit dem ein Kind ein Gedicht heruntersagt.
Die *Frau* sollte für die Pointe diesen Tonfall übernehmen.
Der *seltsame Kunde* und die *Frau* stehen im Profil zum Publikum und lassen in der Mitte den Blick auf den *Händler* frei.

Eröffnungsszene: Ein Gemüsehändler steht hinter seinem Marktstand und bietet lauthals seine Ware feil:

Händler: »Italienische Tomaten, schnittfest, das Pfund nur 89 Pfennige! – Holland-Salat, neue Ernte, der Kopf nur 79 Pfennige! – Bananen heute im Angebot!
Greifen Sie zu, solange der Vorrat reicht!«
(Eine Frau tritt auf ihn zu)

Kundin: »Geben Sie mir doch bitteschön drei große Tomaten.«

Händler: *(greift nach einer Tüte und packt drei Tomaten ein)*
»Eins – zwei – drei Tomaten für die Dame, bittesehr.«
(Er will gerade der Dame die Tüte reichen, als ein exzentrisch anmutender Herr auf ihn zustürzt und ihm eine Bananenschale unter die Nase hält)

Kunde: »Ich wollte Ihnen das hier zurückbringen! Erkennen Sie's wieder?«
(Er fuchtelt mit der Schale herum)

Händler: *(verdutzt)*
». . . Ja, das ist eine Bananenschale
(Pause)
. . . und was ist damit?«

Kunde: *(etwas ungehalten)*
»Sie fragen mich, was damit ist? Ich dachte, das wüßten Sie!
(Der Händler schüttelt verwirrt den Kopf)
Es handelt sich hierbei um die Banane, die ich gestern bei Ihnen gekauft habe. Nachdem ich den zweifellos sehr schmackhaften Inhalt zu mir genommen hatte erschien es mir als Verschwendung, eine fast neuwertige Bananenschale dem Müll anheim zu geben.
Und deshalb dachte ich mir, ich bringe sie zu Ihnen zurück und lasse sie nachfüllen. Ich darf doch davon ausgehen, daß Sie Bananen nachfüllen?«
(Der Händler, der den Herrn die ganze Zeit ungläubig angestaunt hat, bricht in Lachen aus. Die Dame schüttelt ebenfalls schmunzelnd den Kopf)

Händler: *(lachend)*
»Also ne, mein Herr! Bananen hab ich noch nie nachgefüllt!«

Kunde: *(streng)*
»Das hätten Sie mir aber auch sagen können, als ich diese Banane erworben habe!«

Händler: *(beschwichtigend)*
»Aber mein Herr! Nachfüllungen dieser Art sind absolut unüblich!«

Kunde: *(uneinsichtig)*
»Wieso unüblich? Wenn ich einen Kugelschreiber kaufe und die Mine ist leer, kann ich jederzeit eine neue nachkaufen. Genauso ist es mit einem Automobil: Wenn der Tank leer ist, werfe ich auch nicht das Auto weg und kaufe ein neues, sondern ich fülle ganz einfach den Tank nach!«

Händler: »Aber ein Kugelschreiber und ein Auto sind ja auch nicht zum Essen da! Ich kenne auf alle Fälle niemand, der Bananen nachfüllt!«

Kunde: *(blickt traurig auf die Bananenschale)*
»Das hätte ich wissen müssen.
(verzweifelt)
Was soll ich jetzt mit der leeren Schale machen?«

Händler: *(ironisch)*
»Ich schlage vor, Sie werfen sie einfach weg!«

Kunde: *(entrüstet)*
»Aber – das kann ich nicht! Sie ist so gut wie neu!«
(Er wendet sich der Dame zu und redet auf sie ein)
»Ich soll eine neuwertige Bananenschale einfach wegwerfen, nur weil sich keiner bereitfindet, sie nachzufüllen.
Kein Wunder, daß bei so einer Verschwendung unser Land wirtschaftlich vor die Hunde geht, hab ich nicht recht?!«
(Die Dame nickt ängstlich. Der Gemüsehändler reißt dem Mann genervt die Schale aus der Hand)

Händler: »Ach, geben Sie her!«
(Er nimmt eine neue Banane, schält sie, wirft die Schale weg und steckt die Banane in die Bananenschale des Mannes. Der Kunde und die Kundin beobachten ihn gespannt)

Händler: *(reicht dem Kunden die nachgefüllte Banane)*
»Bittesehr! Eine Banane, frisch nachgefüllt für den Herrn.«

Kunde: *(erfreut)*
»Na bitte, es geht doch, wenn man will! Was bin ich Ihnen schuldig?«

Händler: *(mit aufgesetzter Freundlichkeit)*
»Betrachten Sie es als Geschenk von mir.«

Kunde: *(strahlt)*
»O vielen Dank, sehr freundlich von Ihnen!«
(Er verläßt mit erhobener Banane gut gelaunt den Stand. Der Händler und die Kundin blicken ihm kopfschüttelnd nach)

Händler: *(lachend zur Kundin)*
»Nachgefüllte Bananen! Haben Sie so was schon mal gehört?
(Die Kundin schüttelt den Kopf)
So, hier sind Ihre Tomaten! Haben Sie sonst noch einen Wunsch?«
(Die Kundin nimmt die Tüte mit den Tomaten und schüttet eine Anzahl von Orangenschalen auf den Tisch)

Kundin: »Ich hätte diese Orangen hier gerne nachgefüllt. Aber diesmal etwas weniger Kerne bitte!«
(Der Gemüsehändler bricht zusammen)

Ende

Telefonsketch

Weibliche Logik

Spieldauer: etwa 2 Minuten

2 Personen: Mann, Frau

Raumausstattung und Requisiten: Raum: siehe Regieanweisungen. Sie benötigen für diesen Sketch zwei Telefone (Kindertelefone oder alte Gehäuse vom Flohmarkt), ein Bett oder eine Couch mit Bettzeug, daneben ein Nachttisch mit kleiner Lampe. Ferner ist ein Sessel, eine Stehlampe, ein Tischchen und ein kleines Adreßbüchlein vonnöten.

Kostüme: Der *Mann* liegt im Bett und trägt ein Schlafanzugoberteil.
Die *Frau* kommt von einer langen Nacht nach Hause: Sie ist hübsch zurechtgemacht, allerdings schon etwas »abgetakelt«, was Sie durch verwischte Schminke und leicht zerzauste Frisur andeuten können.

Regieanweisungen: Um eine gute Wirkung zu erzielen, erfordert dieser Sketch einen Raum, der vollständig zu verdunkeln ist (»Blackout«). Sie müssen mit zwei verschiedenen Lichtquellen den Eindruck erzeugen, zwei verschiedene Spielorte an einem Ort zusammengefaßt zu haben (in diesem Falle das Schlafzimmer des Mannes und einen Wohnraum der Frau). Nehmen Sie übliche

Beleuchtungskörper, und schrauben Sie schwache Birnen hinein, so daß nur ein kleiner Bereich um den jeweiligen Darsteller herum ausgeleuchtet ist. Nach Möglichkeit sollten sich die Lichtkegel nicht schneiden. (Im Film wird dieser Effekt durch »splitted screen« = geteilte Leinwand erzielt.)

Eröffnungsszene: Eine Frau betritt bei Dunkelheit die Spielfläche, knipst das Licht der Stehlampe an, nimmt auf dem Sessel Platz, blättert in einem kleinen Adreßbüchlein, hebt den Telefonhörer ab und wählt eine Nummer. – Es klingelt schrill. – Neben ihr dreht sich ein Mann in seinem Bett um, schaltet die Nachttischlampe an und hebt den Hörer ab:

Mann: *(verschlafen)*
»Hm, ja?«

Frau: *(flötet)*
»Hallo, Rosi Kühn!«

Mann: »Wie bitte?«

Frau: *(irritiert)*
»Rosi Kühn?«

Mann: »Wer?«

Frau: *(ungeduldig)*
»Ist da nicht Rosi Kühn?«

Mann: »Rosi Kühn?«

Frau: *(betont)*
»Ja, ich möchte mit Rosi Kühn sprechen!«

Mann: *(muffig)*
»Da haben Sie die falsche Nummer gewählt!«

Frau: *(mißtrauisch)*
»Ist das denn nicht Rosi Kühns Nummer?«

Mann: *(unwirsch)*
»Nein, das ist nicht Rosi Kühns Nummer!«

Frau: *(lauernd)*
»Und was hat Rosi Kühn dann für eine Nummer?«

Mann: *(belästigt)*
»Ich kenne Rosi Kühns Nummer nicht!«

Frau: *(schnippisch)*
»Und woher wissen Sie dann, daß es die falsche Nummer ist?«

Mann: *(stöhnt auf)*
»Weil hier keine Rosi Kühn wohnt!«

Frau: *(detektivisch schlau)*
»Soso, und wo wohnt Rosi Kühn?«

Mann: *(genervt)*
»Das weiß ich nicht!«

Frau: *(ironisch)*
»Das denk' ich mir! Sie kennen ihre Nummer nicht, Sie wissen nicht, wo sie wohnt – ich hab so das Gefühl, Sie wissen ziemlich wenig über sie!«

Mann: *(schimpft)*
»Wissen Sie wie spät es ist?«

Frau: *(eindringlich)*
»Schweifen Sie nicht vom Thema ab! Ich glaube, Sie sind ein Schwindler – Sie kennen Rosi Kühn überhaupt nicht!«

Mann: *(aggressiv)*
»Sehr richtig! Ich kenne Rosi Kühn nicht. Ich habe bislang noch nie von ihr gehört, und ich hoffe inständig, nie wieder irgend etwas über Rosi Kühn zu hören!
(brüllt)
Ist das jetzt endlich in Ihr dämliches Spatzenhirn eingedrungen, daß Sie die falsche Nummer gewählt haben?«

Frau: *(unbeeindruckt)*
»Aha, da sind wir ja wieder beim Thema falsche Nummer!«
(aggressiv)

»Hören Sie mal her, lieber Mann, wenn Sie so verdammt schlau sind, dann erklären Sie mir doch mal folgendes: Wenn ich die falsche Nummer angerufen habe, warum sind Sie dann überhaupt drangegangen?!«
(Der Mann will etwas sagen, doch es bleibt ihm die Spucke weg. Er knallt den Hörer auf die Gabel)

Mann: *(seufzt)*
»Um Gottes willen – weibliche Logik!«
(Beide knipsen gleichzeitig das Licht aus und signalisieren so das Sketchende)

Ende

Keine Karriere ohne Mutter

Hinter jedem starken Mann steht eine starke Frau

Spieldauer: ca. 4 – 5 Minuten

3 Personen: Direktor, Mutter, Arno

Raumausstattung und Requisiten: Der Sketch spielt im Büro eines Wirtschaftsbosses. Sie deuten dies am besten durch ein großes Plakat mit einer Umsatzkurve an.
Ferner brauchen Sie einen möglichst schweren Schreibtisch mit Sessel sowie zwei Stühle. Kleinrequisiten wie Telefon, Papiere und ein Zigarettenetui liegen auf dem Tisch bereit.

Kostüme: Der *Direktor* erscheint im korrekten Anzug, in einer gedeckten, aber nicht fahlen Farbe. Das Sakko steht offen, die Krawatte ist leicht gelockert.
Arno soll den Typus »Muttersöhnchen« vorstellen. Er trägt ebenfalls einen Anzug, ein Hemd mit Krawatte und blankgeputzte Schuhe. Er ist überkorrekt gekleidet und drückt so eine gewisse Spießigkeit aus: Das Sakko ist geschlossen, die Krawatte sitzt eng, das Haar ist mit Gel oder Frisiercreme an den Kopf geklatscht. Er kann eine Brille tragen.
Die *Mutter* kann, je nach Typ der Darstellerin, verschieden gekleidet sein:

– Entweder trägt sie strenge Kleidung im Stile einer Internatsvorsteherin (dunkles Kostüm mit Stehkragenbluse und Haarknoten)
– oder sie kleidet sich bieder hausfraulich (Synthetikpullover und Faltenrock).

Letzteres kann in witzigem Kontrast zu ihren selbstbewußten Posen stehen.

Regieanweisungen: Die Darsteller sollten altersmäßig in etwa zu den Rollen passen.

Die *Mutter* spielt übertrieben dominant: Sie bewegt sich militärisch und spricht laut, gefühlsintensiv und in einer penetranten Stimmlage. Ihr herrischer Gesichtsausdruck duldet keinen Widerspruch.

Arno bringt seinen Persönlichkeitsmangel durch apathischen Gesichtsausdruck, steife Körperhaltung und linkische Bewegungen zum Ausdruck. Nur am Schluß bricht er überraschend aus seiner Rolle aus und signalisiert das Ende des Sketches.

Der *Direktor* strahlt neutrale Gelassenheit aus. Er spricht sachlich, zeigt weder gestisch noch mimisch größere Gefühlsreaktionen. Erst gegen Ende, als ihn die Mutter in die Enge treibt, zeigt er Unsicherheit und Nervosität.

Der *Direktor* und *Arno* sitzen einander gegenüber. Sie spielen im Profil zum Publikum und lassen dazwischen den Blick auf die Mutter frei.

Eröffnungsszene: In einem Büro sitzen eine ältere Frau und ihr erwachsener Sohn und warten. Der Sohn wippt nervös mit den Beinen und beißt auf seiner Krawatte herum. Die Mutter mustert ihn streng und schlägt ihm die Krawatte aus dem Mund:

Mutter: »Arnolein, konzentrier' Dich jetzt. Der Herr Direktor kann jeden Augenblick hereinkommen!«

(einschärfend)

»Beiß nicht auf Deiner Krawatte herum, setz Dich aufrecht hin und nuschel nicht, hörst Du? Versuch ein bißchen dynamisch und kreativ auszusehen!«

(flötet)

»Du weißt doch, wie gerne Deine Mutti möchte, daß Du diesen Job bekommst, Arnolein!«

Arno: *(äfft sie leise nach)*
»Mutti möchte es, Arnolein ...«

Mutter: *(hat es im Augenwinkel bemerkt und fährt ihn streng an)*
»Arno! Hast Du gehört, was ich gesagt habe?!«

Arno: *(erschrickt und meint verschüchtert)*
»Ja, Mutti.«

Mutter: *(korrigiert)*
»Das muß entschiedener kommen!«

Arno: *(salutiert)*
»Jawohl, Mutter!«
(Die Mutter nickt zufrieden. Der Direktor kommt herein, die Mutter springt auf und reißt ihren Sohn, der nicht reagiert hat, mit hoch)

Direktor: *(streckt die Hand aus)*
»Ich bin Direktor Gallenbaum ...«

Arno: *(nimmt seine Hand, bleibt aber stumm)*
»Äh – hm ...«

Mutter: *(rempelt ihn)*
»Sag schon, wie Du heißt!«

Arno: *(unsicher)*
»Ich b-b-bin Arno ... Arno Schlappke.«

Mutter: *(drängt sich dazwischen und stellt sich breit grinsend vor)*
»Darf ich mich vorstellen, ich bin Arnos Mutter.«
(Sie nimmt des Direktors Hand und schüttelt sie kräftig durch. Dieser befreit sich und eilt zu seinem Sessel)

Direktor: »Wir wollen keine Zeit verlieren und gleich zur Sache kommen!«
(Er weist beide an, Platz zu nehmen. Arno steht lasch herum, Mutter stößt ihn an, er reagiert)

Arno: *(laut und einstudiert)*
»Ja, Herr Direktor, ich weiß: Zeit ist Geld!«

(Er kontrolliert, ob Mutter zufrieden ist, sie nickt – beide setzen sich)

Direktor: *(hält ihm ein Zigarettenetui hin)*
»Rauchen Sie?«
(Arno will zugreifen, Mutter klopft ihm auf die Finger und nimmt sich selber eine Zigarette)

Mutter: »Nein danke, er hat aufgehört.«

Direktor: *(zu sich)*
»Schön, wenn man das so einfach kann.«
(Nimmt ein Papier zur Hand)
»Sie werden verstehen, Herr Schlappke, daß wir eine ganze Reihe Bewerber für unsere Vize-Direktorenstelle haben ...«

Mutter: *(redet dazwischen)*
»Selbstverständlich, Herr Direktor, selbstverständlich!«

Direktor: *(fährt fort)*
»... Aber wir finden, daß Sie gute Qualifikationen haben. Außerdem gefällt uns Ihre Bewerbung sehr gut. Sie zeigt, daß Sie die richtige Einstellung mitbringen ...
(Mutter reckt sich stolz)
... Da steckt Motivation und Tatkraft dahinter!«
(Mutter strahlt, Arno schaut sie mißmutig an. Der Direktor wartet auf seine Reaktion)

Arno: *(verspätet)*
»... Äh, ja-ja!«

Direktor: »Ja also, wenn wir Sie einstellen sollten, dann müssen Sie wissen, daß dieser Beruf kein Honiglecken bedeutet!«

Arno: *(erschrickt)*
»Oh?!«

Mutter: *(pathetisch)*
»Das weiß er! Er ist bereit, or-dent-lich rein-zu-klotzen!«
(Sie ballt dabei die Fäuste und stößt mit den Ellbogen, trifft versehentlich Arno)

Direktor: »Wie gesagt, es ist sehr hart in den großen Konzernen heutzutage – und im Stahlbereich ist es besonders hart. Wir brauchen da einen energischen Mann, der hart zupacken und, wenn es nötig ist, auch mal kräftig dreinschlagen kann.«

Mutter: »Das kann er! Arno, zeig, was Du kannst!«
(Sie deutet eine Geste mit der Faust an. Arno schlägt mit der Faust auf den Tisch – allerdings schwächlich. Der Nachschlag der Mutter ist aber um so kräftiger. Sie nutzt die Schrecksekunde des Direktors)
»So! Und jetzt reden wir vom Gehalt!«

Direktor: *(erschrocken)*
»Ja, ja, natürlich!«
(besinnt sich)
»Wir können wohl kaum mehr als drei- bis vierhunderttausend zahlen . . .«
(Arno freut sich, die Mutter weist ihn zurecht)

Mutter: *(streng)*
»Das ist ein bißchen wenig . . .«

Direktor: *(beschwichtigend)*
»Als Anfangsgehalt natürlich . . .
. . . und eine Dienstwohnung . . .«

Mutter: *(bestimmt)*
»In Pöseldorf!«

Direktor: *(kuscht)*
»Selbstverständlich – und auch einen anständigen Dienstwagen . . .«

Mutter: »Mit Chauffeur!«

Direktor: *(bestätigt)*
»Mit Chauffeur!«

Mutter: *(entschlossen)*
»Nun gut, da können wir später noch weiterverhandeln!
(Sie hält ihm die Hand zum Einschlagen hin)
Können wir die Sache als abgemacht betrachten?!«

Direktor: *(unentschlossen)*

»Also, von meiner Seite her gibt es keine Einwände – aber Sie werden verstehen, daß ich eine derart wichtige Frage nicht alleine entscheiden kann . . .«

(Er greift zum Haustelefon, drückt einen Knopf und wartet kurz)

(flötet)

»Mamilein, hast Du einen Augenblick Zeit?«

(Arno lacht laut auf und schlägt sich auf die Schenkel)

Piranhas

Kleine Spielgefährten für die liebe Gattin

Spieldauer: 6 Minuten

3 Personen: Tierhändler, seine Frau, Kunde

Raumausstattung und Requisiten: Dieser Sketch spielt in einer zoologischen Handlung. Da es zu viel Aufwand wäre, eine realistische Kulisse zu bauen, genügt ein großes Pappschild mit der Aufschrift »ZOOHANDLUNG« und eine improvisierte Ladentheke aus einem rechteckigen Tisch und einem weißen Leinentuch. Fehlende Atmosphäre kann durch Grünpflanzen und durch Tierstimmen aus der Musikanlage erzeugt werden (Geräuschplatten sind in großer Auswahl im Fachhandel erhältlich). Wichtiges Kleinrequisit ist ein Klammerbrett mit Bestellschein und Kugelschreiber.

Kostüme: Der *Tierhändler* trägt über der normalen Alltagskleidung einen Arbeitskittel in Weiß oder Grau.
Seine *Frau* ist ebenfalls mit Arbeitskittel oder mit einer Kittelschürze bekleidet. Sie sollte durch einen strengen Haarknoten und füllige Erscheinung der allgemeinen Vorstellung eines »Hausdrachens« entsprechen.
Der *Kunde* trägt unauffällige Alltagskleidung mit Mantel und Hut.

Regie-anweisung:

Der Sketch ist in drei Szenen eingeteilt:
1. Szene: *Inhaber – Frau*
2. Szene: *Inhaber – Kunde*
3. Szene: *Inhaber – Frau*

Dies erfordert vom Darsteller des *Tierhändlers* eine sehr differenzierte Spielweise.
In der *ersten Szene* spielt er den gutmütigen, geknechteten »Pantoffelhelden«. Er spricht aggressionslos und verhält sich scheu bis ängstlich.
In der *zweiten Szene* gibt er sich weitaus selbstbewußter, steht aufrecht, spricht sicher und gelassen und strahlt dem Kunden gegenüber eine kumpelhafte Freundlichkeit aus, wie sie in Gesprächen von Mann zu Mann üblich ist. Er verläßt dabei jedoch nie seine seriöse Grundhaltung.
In der *dritten Szene* zeigt er sich stark verändert: Er reagiert erstmals mit leichter Aggressivität auf seine Frau und bringt durch Augenzwinkern und pfiffige Grimassen eine gewisse Gerissenheit zum Ausdruck.
Die *Frau* sollte ihre Rolle parodistisch anlegen. Sowohl in Kostüm als auch durch vehementes Auftreten und Lautstärke wirkt sie wie eine böse Karikatur.
Der *Kunde* sollte die Verkörperung des sprichwörtlichen schlechten Gewissens sein. Er spricht unsicher und gehemmt und unterstreicht dies durch nervöse Gesten und verkrampfte Körperhaltung, vor allem aber durch unruhig hin- und herwandernde Augen.
Wie in einem Kriminalstück soll der Zuschauer während des Sketches Indizien sammeln können. In der dritten Szene hat er gegenüber der Frau einen Wissensvorsprung, erstens, was den Zweck der Piranhas anbetrifft, und zweitens, was die Umschreibung »für einen Freund« zu bedeuten hat. Deshalb sollte bei der Schlußpointe das Publikum durch »übergreifende« Spielweise (z. B. Augenzwinkern) als »Mitwisser« miteinbezogen werden.

Eröffnungs-szene:

Der Inhaber einer Zoohandlung lehnt auf der Ladentheke und füllt einen Bestellschein aus. Er spricht zu sich:

Inhaber:

»Also, Schildkröten brauchen wir unbedingt . . .
25 Stück . . . das müßte, glaub ich, reichen . . .
. . . dann 5 Dutzend Goldfische . . . 2 Papageien . . .«
(Plötzlich keift aus dem Hintergrund eine Frauenstimme)

Frau: »Herbert! Hast Du die Bestell-Liste endlich fertig?«
(Der Mann zuckt kurz zusammen und gibt ängstlich Auskunft)

Inhaber: »Ich bin gerade dabei, Edeltraud!«

Frau: »Dann beeil' Dich ein bißchen – in einer halben Stunde kommt der Vertreter! Ich kann mich nicht um alles kümmern – ich muß jetzt Einkaufen gehen ...«

Inhaber: *(unterwürfig)*
»Ich beeil' mich ja, Edeltraud!«

Frau: »Und das Wasser im Schaufensterbecken wolltest Du gestern schon auswechseln!«

Inhaber: *(gefügig)*
»Mach' ich sofort!«

Frau: »... und vergiß nicht wieder die Meerschweinchen – ich muß jetzt gehn! Wiedersehn!«

Inhaber: »Wiedersehn, Edeltraud!«
(Er faßt sich erschrocken an den Kopf und meint zu sich)
»O Gott, beinahe hätte ich wieder die Meerschweinchen vergessen – na, das hätte wieder was gegeben!
(er notiert)
Also 15 Stück.«
(Ein Kunde schleicht herein. Er wirkt unsicher und sieht sich ein paarmal um, um sicherzugehen, daß niemand zuhört)

Kunde: »Äh, guten Tag ... also, ich frage für einen Freund ...«

Inhaber: *(blickt auf)*
»Ja bitte?«

Kunde: »Ja, also ... es geht um Fische ...«

Inhaber: »Fische? Da haben wir eine große Auswahl ...
Kaltwasser oder tropische?«

Kunde: *(überlegt)*
»Ich bin mir nicht sicher, aber ich glaube es sind tropische – aber ich bin mir nicht sicher . . .«

Inhaber: »Was für eine Art Aquarium hat Ihr Freund denn? Hält er seine Fische in einem heizbaren Zimmerbecken oder in einem Freiluftbecken im Garten?«

Kunde: *(windet sich)*
»Ja, eigentlich wollte er die Fische in die Badewanne tun . . .«

Inhaber: *(lacht)*
»In die Badewanne? – Das ist aber kein besonders günstiger Platz für einen Fisch!
(Er witzelt)
Und denken Sie mal, wie das beim Baden kitzelt!«

Kunde: *(stutzt)*
»Ach übrigens – nur so nebenbei – glauben Sie, daß so ein paar Dutzend Goldfische zum Beispiel einen Menschen zu Tode kitzeln könnten?«

Inhaber: *(stutzt)*
»Wieso das denn?«

Kunde: *(winkt ab)*
»Ach – nur so! – Andere Frage: Merkt so ein Durchschnittsfisch überhaupt, in welchem Wasser er sich befindet? Ich meine, würde ihn Badeschaum oder eine Plastikente stören? – Oder ein Schwamm?«

Inhaber: *(resolut)*
»Also die Badewanne ist keine richtige Umgebung für einen wie Sie sagen: Durchschnittsfisch!«

Kunde: *(verlegen)*
»Ich dachte ja eigentlich auch mehr an eine besondere Art von Fisch: Piranha!«

Inhaber: *(erschrocken)*
»Piranha?«

Kunde: *(erklärt)*
»Ja, ich habe gehört, daß Piranhas in Sekundenschnelle das Fleisch eines Mannes – oder auch das einer Frau – abnagen können.«

Inhaber: »Ja, das hab ich auch schon gehört – ich bin mir aber nicht sicher, ob das auch stimmt.«

Kunde: *(irritiert)*
»Wieso? Ist das nicht sicher?«

Inhaber: »Ich habe keine Ahnung – ich führe keine Piranhas. Die Nachfrage ist nicht so groß.«

Kunde: *(beharrlich)*
»Nun, mein Freund möchte aber Piranhas!«

Inhaber: *(ironisch)*
»Um sie im Bad zu halten!«

Kunde: *(tut harmlos)*
»Ja, er möchte seine Frau damit . . . überraschen . . .«

Inhaber: *(argwöhnt)*
»Die Frau wäre sicher überrascht. Sie könnte die Tierchen gar nicht sehen – so verdeckt von Badeschaum und Plastikente . . .«

Kunde: *(nickt eifrig)*
»Ja, genau!«

Inhaber: ». . . das könnte für die gute Frau auch übel ausgehen – vielleicht sogar tödlich? Ich habe das ungute Gefühl, Ihr Freund versucht seine Frau loszuwerden!«

Kunde: *(entsetzt)*
»O nein, wie kommen Sie bloß darauf?«

Inhaber: »Ach, ich habe mich nur gewundert . . .
(kategorisch)
Aber egal: Ich habe keine Piranhas!«

Kunde:	*(enttäuscht)* »Wie schade! Na ja, da kann man nichts machen – *(wendet sich zum Gehen, dreht aber plötzlich um)* – haben Sie zufällig ein paar Schwarze Witwen?«
Inhaber:	*(streng)* »Nein, mein Herr!«
Kunde:	*(flehentlich)* »Taranteln?«
Inhaber:	*(weigert sich)* »Nein!«
Kunde:	»Oder haben Sie vielleicht einen großen, grünen Alligator, den man für eine neue Seife halten könnte?«
Inhaber:	*(unwillig)* »Nein, ich habe keine neuen, grünen Seifen – äh – Alligatoren!«
Kunde:	*(hartnäckig)* »Haben Sie vielleicht eine riesige Boa Constrictor – man könnte sie an den Garderobenständer hängen und für eine Nerzstola halten . . .«
Inhaber:	*(macht ein strenges Gesicht)* »Ich halte in meinem Laden nur freundliche, liebenswerte Tiere, zum Beispiel Hamster, Springmäuse, Kaninchen . . .«
Kunde:	*(unterbricht)* »Kobras?«
Inhaber:	*(argwöhnt)* »Ihr Freund möchte wohl unbedingt seine Frau loswerden . . .« *(Er sieht den Kunden durchdringlich an)*
Kunde:	*(fühlt sich ertappt und rechtfertigt sich hastig)* »Nein, er möchte nur ein Haustier – er hat's gern gefährlich.«

Inhaber:	*(läßt sich nicht beirren, versucht aber, ihn gut zu beeinflussen)* »Wenn eine Ehe in die Brüche geht, dann liegen die Fehler im allgemeinen auf beiden Seiten. Ich nehme an, Ihr ›Freund‹ sieht nur die eine Seite – dabei hat er seine Frau sicher einmal sehr geliebt . . .«
Kunde:	*(schluckt, den Tränen nahe)* »Ja, das stimmt.«
Inhaber:	»Vielleicht sollte er sich lieber an die schönen Tage erinnern . . . *(der Kunde nickt reumütig)* . . . Für einen neuen Anfang ist es nie zu spät!«
Kunde:	*(senkt nachdenklich den Blick)* »Ich werde das meinem Freund sagen – und ich werde ihr Blumen kaufen, und die Liebe wird neu erblühen . . .« *(Er geht langsam und in sich gekehrt ab)*
Inhaber:	*(sieht ihm nach und richtet noch einmal das Wort an ihn)* Darf ich Ihnen und Ihrer Frau wünschen, daß Sie wieder glücklich werden?«
Kunde:	*(dreht sich um und schluckt gerührt)* »Danke.« *(Er geht ab)* *(Der Inhaber sieht ihm eine kleine Weile versonnen nach. Plötzlich kreischt die Stimme seiner Frau aus dem Hintergrund)*
Frau:	»Herbert!«
Inhaber:	*(erschrickt)* »Ja?!«
Frau:	(schimpft) »Du hast vergessen die Papageien zu füttern!«
Inhaber:	»Nein, hab ich nicht vergessen – ich hatte nur einen Kunden . . .«

Frau: *(keift)*
»Du hast auch immer eine Ausrede! Wenn ich etwas nicht leiden kann, dann ist das Faulheit! – Und warum zum Teufel ist das Wasser im Schaufensterbecken noch nicht gewechselt?«

Inhaber: *(ein bißchen aggressiv)*
»Weil ich einen Kunden hatte!«

Frau: »Hast Du dann wenigstens die Bestell-Liste fertig?«

Inhaber: *(greift blitzartig zu seiner Liste und macht eine Notiz)*
»Ist fertig!«
(Die Frau kommt herein und nimmt ihm mit einer herrischen Geste die Liste aus der Hand)

Frau: »Gib her!«
(Sie weist mit dem Finger zur Tür)
»Und mach' endlich die Käfige im Lager sauber!«

Inhaber: *(gefügig)*
»Wird sofort erledigt!«
(Er geht Richtung Tür, während sie die Liste überfliegt. Plötzlich stutzt sie)

Frau: »Herbert!«
(Er bleibt wie angewurzelt stehen)
»Kannst Du mir verraten, wofür Du Piranhas brauchst?«

Inhaber: *(tut harmlos, mit einem Augenzwinkern zum Publikum)*
»Och – die sind für einen Freund . . .«
(Er geht ab und läßt die argwöhnende Frau auf der Spielfläche zurück)

Ende

Kein Kommentar

Spieldauer: 4 Minuten

2 Personen: Mann, Frau

Raumausstattung und Requisiten: Der Spielort für diesen Sketch ist beliebig: er kann in einer Eßküche ebensogut wie auf einer Terrasse stattfinden. Sie benötigen zwei Stühle, einen Tisch, auf dem eine Tasse Kaffee steht, eine Zeitung, einen Aktenkoffer mit mehreren Formularen und ein Fieberthermometer, das der Mann in der Brusttasche seines Anzugs stecken hat.

Kostüme: Die *Frau* trägt einen Morgenmantel, Frotteepantöffelchen und Lockenwickler im Haar.
Der *Mann* ist wie ein typischer Vertreter gekleidet: ein Anzug mit Hemd und Krawatte, darüber ein offener Trenchcoat. Er kann je nach Typ des Darstellers auch klassisch »englisch«, d. h. mit Nadelstreifenanzug, Melone und dünnen Lederhandschuhen auftreten.

Regieanweisungen: Wichtig für diesen Sketch ist das Tempo des Vortrags:
Der *Vertreter* redet schnell und ununterbrochen und bewegt sich flott und zielstrebig.
Die *Frau* reagiert halb belustigt, halb beklommen auf ihn.

Das *Fieberthermometer* ist während des ganzen Sketches im Blickfeld des Betrachters. Es soll durch die Art und Weise, wie es gehandhabt wird, auch vom Publikum für einen Kugelschreiber gehalten werden.
Das *Klingelgeräusch* kann durch die Haustürklingel oder durch eine alte Fahrradklingel erzeugt werden.

Eröffnungsszene: Eine Frau sitzt bei einer Tasse Kaffee und einer Morgenzeitung in ihrer Küche. – Es klingelt. Sie steht auf und öffnet die Tür. Ein Mann platzt herein und beginnt wie ein Wasserfall zu reden:

Mann: »Einen wunderschönen guten Morgen, liebe Frau . . .«

Frau: *(überfahren)*
»Ja, was ist . . . ?«

Mann: *(stürmt auf den Tisch zu und baut sich auf)*
». . . Ich bin Dr. Müller-Staubsack. Ich komme sozusagen im Auftrag des Bundesministeriums für Gesundheit. Ich möchte Sie auf zwei Sonderangebote aufmerksam machen, die wir im Augenblick im St.-Vinzenz-Krankenhaus durchführen.«

Frau: *(verdattert)*
»Wie bitte? Sonderangebote?«

Mann: »Jawohl, Sonderangebote!«
(Er setzt sich, öffnet seinen Aktenkoffer, zieht ein Formular heraus und legt es der Frau vor)
»Da haben wir zunächst ein Angebot aus der Chirurgie. Bis Ende des Monats entfernen wir Ihnen den Blinddarm zusammen mit der Gallenblase und geben darauf 10 Jahre Garantie . . .«

Frau: *(schiebt das Formular zurück)*
»Mein Blinddarm ist schon wegoperiert.«

Mann: *(forschend)*
»Nur der Blinddarm?«

Frau: *(nickt)*
»Ja.«

Mann: *(läßt nicht locker)*
»Und was ist mit der Gallenblase? Hat man die schon entfernt?«

Frau: *(irritiert)*
». . . äh – nein . . .«

Mann: *(ereifert sich)*
»Sehen Sie – genau eines unserer Sonderangebote!«
(Er zieht ein neues Formular heraus und legt es der Frau vor. Aus seiner Brusttasche nimmt er einen »Kugelschreiber«, mit dem er auf dem Formular herumdeutet)
»Wir können Ihnen die Gallenblase und eine Niere entfernen, vorausgesetzt, Sie bleiben nicht länger als 24 Stunden im Krankenhaus!«
(Die Frau setzt sich und lacht)

Frau: »Haha! Wenn's geht, möcht ich meine Nieren noch behalten!«

Mann: *(mit erhobenem »Kugelschreiber«)*
»Aber denken Sie doch einmal nach! Wenn wir eine Niere entfernen, ist das Risiko, etwas an den Nieren zu bekommen, um ganze 50% gesenkt!«

Frau: *(schüttelt den Kopf)*
»Nein, nein! – Aber ich mache Ihnen einen Vorschlag zur Güte: Ich hab' einen eingewachsenen Zehennagel . . .«

Mann: *(klopft verärgert auf den Tisch)*
»So ein Pech aber auch! Im letzten Monat hatten wir eine sensationelle Aktion gegen eingewachsene Zehennägel!«

Frau: *(interessiert)*
»Aha! Und was war da geboten?«

Mann: *(erläutert eifrig)*
»Also, wir haben das Bein amputiert und es durch ein Blechbein ersetzt. 5000 Kilometer Garantie!«

Frau: *(schaut ihn ungläubig an)*
»Ich glaub, ich krieg's am Kopf!«

Mann: *(stutzt)*
»Am Kopf?«
(Er zieht geschwind ein neues Formular heraus)
»Wenn Sie's so leicht am Kopf kriegen, was halten Sie dann von einer Lobotomie?«

Frau: »Von was . . .?«

Mann: »Von einer Lobotomie – einer Gehirnoperation. Wir lassen sie von Fachleuten ausführen und schenken Ihnen zusätzlich ein Glasauge. Sonderangebot! Gültig bis 30. September! Wollen Sie gleich unterschreiben?«
(Er hält ihr auffordernd den »Kugelschreiber« hin)

Frau: *(wehrt ab)*
»Nein, daran bin ich wirklich nicht interessiert!«

Mann: *(nimmt das alte Formular weg und legt ein neues vor)*
Wir können auch eine Lendenpunktur, verbunden mit einer Vasectomie, vornehmen – anschließend 14 Tage Rimini! Sie brauchen nur zu unterschreiben!«
(Er hält ihr wieder den »Kugelschreiber« hin)

Frau: *(lacht)*
»Nein, nein, vielen Dank!«

Mann: *(zieht unbeirrt verkaufstüchtig ein neues Formular hervor)*
»Was halten Sie von 13 verschiedenen Injektionen innerhalb von nur 5 Minuten? – Die Stellen dürfen Sie selbst auswählen . . .
(Die Frau lacht und schüttelt den Kopf, als er ihr den »Kugelschreiber« hinhält)
. . . wenn Sie gleich unterschreiben, bekommen Sie 500 Briefmarken DDR und Kaiserreich extra!«

Frau: *(lacht immer noch, steht auf und meint)*
»Ich glaube, Sie können wieder einpacken – wir beide können heute wohl kein Geschäft abschließen.«

Mann: »Schade. Mit Ihrer Nachbarin hatte ich mehr Glück. Die hat sich für 79 Mark die Nase verschönern lassen . . .«

Frau: *(stutzt)*
»Was? Für 79 Mark die Nase verschönert? Warum haben Sie das nicht gleich gesagt!«
(Sie setzt sich)

Mann: *(zieht ein Formular heraus, drückt ihr den »Kugelschreiber« in die Hand und deutet aufgeregt auf die Stelle, wo sie unterschreiben soll)*
»Hier müssen Sie unterschreiben – unterschreiben – unterschreiben . . .«
(Er summt dieses Wort freudig vor sich hin, während die Frau den »Kugelschreiber« mit großen Augen ansieht)

Frau: »Was ist denn das für ein komischer Kugelschreiber?«

Mann: *(strahlt)*
»Das ist kein Kugelschreiber, das ist ein Rektalthermometer.«

Frau: »Ein Rektalthermometer? Wozu?«

Mann: *(erklärt eifrig)*
»Ja, damit mißt man die Körpertemperatur im A . . .
(erschrickt fürchterlich)
Mein Gott! Jetzt weiß ich, wo mein Kugelschreiber ist!«

Ende

Ein kurzer Besuch

Von der Kunst, sich den Abend schön zu machen

Spieldauer: ca. 4 Min.

4 Personen: Hausherr und Vera sowie Martin und Ingrid

Raumausstattung und Requisiten: Als Spielort ist jeder Raum möglich, der seitlich durch eine Türe betreten und verlassen werden kann. Auf der Spielfläche stehen eine Couch, ein Sessel und ein Couchtisch. Auf dem Tisch sind eine Blumenvase, ein Aschenbecher sowie ein Stapel mit Zeitschriften und ein Fahrplan. Neben der Tür steht ein Garderobenständer.

Kostüme: Der *Hausherr* ist leger gekleidet: Er trägt eine weite Hose, Hausschuhe, ein offenes Hemd und darüber eine Strickjacke. Die *Gäste* sind gepflegt gekleidet: *Martin* trägt einen Smoking. Seine Frau *Ingrid* trägt ein modisches Partykleid. Sie ist mit Schmuck, kleiner Handtasche ausgestattet und gibt durch gute Frisur und Make-up ein attraktives Erscheinungsbild ab.

Martin und Ingrid tragen anfangs mit Wasser bespritzte Regenmäntel, die zeigen, daß es draußen regnet.

Vera, die Frau des Hausherrn, ist als Vamp zurechtgemacht. Sie ist stark geschminkt, hat die Haare hochgesteckt, trägt eine Corsage oder ein Negligé unter einem Morgenmantel und geht auf Schuhen mit hohen Absätzen.

Regie-anweisungen: Wichtig bei der Darstellung dieses Sketches ist, daß der Unterschied im Verhalten von Hausherr und Gästen deutlich wird.

Der *Hausherr* verhält sich ganz offensichtlich wie jemand, der sich zu Hause fühlt. Seine Bewegungen sind sicher – ebenso sein Sprechen. Er faßt die Einrichtungsgegenstände mit großer Selbstverständlichkeit an, während seine *Gäste* diesbezüglich Unsicherheiten zeigen. Diese geben sich allgemein unsicher, blicken sich orientierend um und sitzen nicht eigentlich bequem. In ihren Gesichtern spiegelt sich während des ganzen Sketches Befangenheit wider. Der *Witz* dieses Sketches beruht auf der ständigen, zeitgenauen Verkürzung der Besuchszeit – folglich sollte der Darsteller des Hausherrn die Textstellen mit Zeitangaben deutlich hervorheben, dabei ins Publikum schauen, dazu hämisch grinsen und sich die Hände reiben.

Eröffnungs-szene: Der Hausherr sitzt am Tisch und studiert einen Fahrplan. Es klingelt. Er legt den Plan beiseite und ruft:

Hausherr: »Ihr könnt reinkommen, die Tür ist offen!«
(Das Paar in nassen Regenmänteln tritt auf, beide strahlen vor Freude)

Ingrid: »Hallo, Max! Hier sind wir!«

Martin: *(streckt die Hand zum Gruße aus)*
»Servus Max, lange nicht gesehen!«

Hausherr: *(tritt auf die beiden zu und schüttelt Ihre Hände)*
»Mensch, Martin! Ingrid! Schön, daß Ihr gekommen seid – bei dem scheußlichen Wetter.«
(Er macht eine auffordernde Geste)
»So kommt doch rein in die gute Stube ... und legt erstmal Eure Mäntel ab.«
(Er hilft Ingrid aus dem Mantel, während Martin seinen Mantel an der Garderobe aufhängt)

Ingrid: »Danke!«
(Sie wartet bis Max auch ihren Mantel aufgehängt hat)
»Wir haben uns so gefreut, daß Ihr uns eingeladen habt ...«

Martin: »Hoffentlich machen wir keine Umstände ...«

Hausherr: *(winkt ab)*
»Aber nein – nein, wie kommt Ihr denn darauf?«
(Er weist beiden einen Sitzplatz zu)
»So setzt Euch doch . . . macht es Euch bequem . . . und fühlt Euch wie zu Hause.«

Ingrid: *(blickt sich um)*
»Wo ist denn die gute Vera?«

Hausherr: *(macht ein vielversprechendes Gesicht)*
»Meine Vera ist in der Küche . . . seit vier Stunden zaubert sie Köstlichkeiten. Ich hoffe, Ihr eßt gerne ausgefallene Sachen.«

Martin und Ingrid: *(nicken zustimmend)*
»O ja!«

Hausherr: »Ach übrigens, bevor ich's vergesse . . . nehmt's mir nicht übel, aber ich muß vorher abklären, wann Ihr wieder zu gehen gedenkt . . .«

Ingrid: *(irritiert)*
»Gehen?«

Martin: *(erstaunt)*
»Aber wir sind doch gerade erst gekommen.«

Hausherr: *(freundlich)*
»Aber klar! Ich muß Euch nur fragen, weil meine Frau dann die verschiedenen Gänge besser planen kann . . .«

Martin und Ingrid: *(erleichtert)*
»Ah so!«

Hausherr: »Sagt mir doch so ungefähr, welchen Zug Ihr nehmen wollt.«

Ingrid: *(zögernd)*
»Na, wir dachten so kurz vor zwölf . . .«

Hausherr: *(schlägt den Plan auf)*
»Also nehmt Ihr den um 11 Uhr 40! Ausgezeichnet, 11 Uhr 40!«
(Er stutzt)

»Ach du liebes bißchen! Der 11 Uhr 40er fährt nur wochentags . . . dann müßt Ihr heute den um 11 Uhr 05 nehmen.«
(Er ruft in die Küche)
»Sie müssen schon um halb elf weg, Schatz!«
(setzt sich)
»Na, wunderbar, das hätten wir ja schon einmal geklärt. Großartig! Ist übrigens ein prima Zug, der um 11 Uhr 05 – Ihr müßt nur einmal in der Südstadt umsteigen und eine Stunde warten, dann kriegt Ihr den Mitternachtszug nach Weiler und seid dann gegen 3 Uhr morgens zu Hause.«

Martin: *(blickt Ingrid betreten an)*
»Liebling, das ist mir eigentlich zu spät – ich muß um 6 Uhr wieder raus.«
(Ingrid nickt mißmutig)

Hausherr: *(besorgt)*
»Ist Euch der wirklich zu spät?«
(Er schaut auf seinem Plan nach)
»Na, dann müßt Ihr wohl in den sauren Apfel beißen und den Zug um 10 Uhr 15 nehmen.«

Ingrid: »Wieso in den sauren Apfel beißen?«

Hausherr: »Ach, samstags fahren da immer die Rowdys vom 1. FC mit!«

Ingrid: *(verängstigt)*
»Rowdys?«

Martin: *(besorgt)*
»Gibt es denn um diese Zeit keine andere Möglichkeit zu fahren?«

Hausherr: *(sucht in seinem Plan und schüttelt den Kopf)*
»Nein, um diese Zeit nicht – aber um 9 Uhr 24 fährt ein Bus.«

Ingrid: »Und wo fährt der ab?«

Hausherr: *(deutet in eine Richtung)*
»Ihr kennt doch die Haltestelle da unten – gegenüber vom Atomkraftwerk, wo angeblich immer radioaktiver Dampf rauskommt . . .«

Ingrid:	*(erschrocken)* »Was für ein Dampf?«
Martin:	*(entsetzt)* »Sagtest Du radioaktiver Dampf?«
Hausherr:	*(nickt bestätigend)* »Ja ja, richtig!« *(beschwichtigend)* »Soll aber nicht besonders gefährlich sein . . . so sagt man uns jedenfalls.«
Ingrid:	*(mißmutig)* »Also, wenn's nicht unbedingt sein muß, dann möcht ich nicht dorthin.«
Hausherr:	»Da muß ich Dir recht geben – man soll in dieser Beziehung kein Risiko eingehen . . . nehmt doch den 132er Bus um 10 vor 9. Der fährt zwar über die Brücke, bei der Einsturzgefahr besteht . . .«
Ingrid:	*(entsetzt)* »Nein!«
Hausherr:	*(blickt sie prüfend an)* »Nein?«
Ingrid:	*(mit schreckgeweiteten Augen)* *»Nein!«*
Hausherr:	*(zuckt die Achseln und schaut auf seinen Plan)* »Tja, dann bleibt Euch nur noch die Straßenbahn um 8 Uhr 12. Da müßt Ihr dann bei den Chemischen Werken umsteigen . . .«
Martin:	*(alarmiert)* »Chemische Werke?«
Hausherr:	*(hält inne)* »Ja, ich hoffe doch, daß Ihr Eure Schutzkleidung dabeihabt . . .«

Martin und Ingrid:	*(sehen sich fragend an)* »Schutzkleidung?«
Hausherr:	*(irritiert)* »Ach, entschuldigt! Das könnt Ihr ja gar nicht wissen – Ihr seid ja nicht von hier und kennt unser Dioxinproblem, gar nicht.«
Ingrid:	*(schlägt die Hände über dem Kopf zusammen)* »Um Gottes willen – Dioxin!«
Martin:	*(nimmt Ingrid aufgeregt bei der Hand)* »Komm Liebling, laß uns möglichst schnell von hier verschwinden.« *(zum Hausherrn)* »Gibt es denn keine Möglichkeit, unbeschadet von hier wegzukommen?«
Hausherr:	*(überlegt ruhig)* »Das einzige, was Euch übrigbleibt, ist, daß Ihr zum Fluß runterlauft und Euch an den Autobahnzubringer stellt. Vielleicht könnt Ihr per Anhalter nach Hause fahren.« *(Martin und Ingrid stehen auf)*
Ingrid:	*(erleichtert)* »Das wird wohl das beste sein.«
Hausherr:	*(blickt auf die Uhr)* »Da müßt Ihr Euch aber beeilen, denn ab 8 Uhr ist das Teilstück wegen Bauarbeiten gesperrt . . .« *(Martin hechtet zu den Mänteln)*
Ingrid:	*(hilflos)* »Tut uns furchtbar leid, aber ich hoffe, Du kannst uns verstehen . . .«
Hausherr:	*(freundlich)* »Aber ja, wer setzt schon gern sein Leben auf's Spiel?«
Martin:	*(hektisch)* »Auf alle Fälle danken wir Euch herzlich für die Einladung . . . *(Er zieht Ingrid zur Tür)*

. . . und grüß Vera schön von uns. Schade, daß Sie umsonst gekocht hat . . .«

Hausherr: »Mach ich! Vielleicht holen wir das ein anderes Mal nach . . .«
(Martin und Ingrid laufen hinaus)
»Tschüs, Ihr beiden!«

Martin und Ingrid: *(von draußen)*
»Tschüs, bis dann . . .«
(Der Hausherr hält eine Weile inne, grinst zufrieden und ruft triumphierend in Richtung Küche)

Hausherr: »Vera, Liebling! Sie sind weg!«
(Seine Frau tritt im Negligé auf und nimmt eine aufreizende Pose ein)

Vera: »Das paßt ja prima!«
(Sie lächelt verführerisch)
»Dann kann ich Dir ja gleich den ersten Gang servieren!«
(Er stürzt auf sie zu, hebt sie hoch und trägt sie unter frivolem Lachen von der Spielfläche)

Ende

Diverse Quickies

»Na gut, dann einen dreifachen Scotch
und nur sechs Eiswürfel!«

Im folgenden finden Sie zum Thema »Party« verschiedene sehr kurze Sketche (»Quickies« genannt, von engl. »quick« = schnell), die Sie hintereinander, ohne viel Aufwand beim Szenenwechsel, aber ebensogut einzeln spielen können:

Spieldauer: pro Quicky etwa eine halbe Minute

3 Personen im Wechsel: Hildegard, Franz, Ottokar

Raumausstattung: und Requisiten: Diese Sketche können aus dem Stegreif an jedem beliebigen Ort aufgeführt werden. Sie benötigen nur einen Stuhl und diverse Trinkgläser.

Kostüme: Es empfiehlt sich Partykleidung:
Für *Hildegard* vielleicht ein modisches Kleid oder ein Hosenanzug
Für *Franz* ein dunkler Anzug oder Smoking mit Fliege.
Ottokar spielt zwei verschiedene Rollen, anfangs einen Betrunkenen und später den Ehemann der Frau. Er benötigt folglich ein zweites Kostüm, mit dem er während der 3. Szene sein Aussehen verändert.
Als *Betrunkener* sollte er eine bunte oder auffällig gemusterte Jacke tragen und ein offenstehendes Hemd, eine schiefhängende Krawatte und zerzauste Haare haben.
Als *Ehemann* trägt er ein korrektes Sakko und evtl. eine Brille, um deutlich zu machen, daß er eine andere Person darstellt.

Regieanweisungen: Quickies sind eigentlich nur gespielte Witze. Legen Sie deshalb weniger Wert auf schauspielerische Finessen als vielmehr auf gezieltes »timing«, was das Anbringen der Pointen betrifft – es dürfen keine Längen entstehen.
Nutzen Sie folglich zwischen den einzelnen Sketchen das Lachen oder Applaudieren des Publikums zum schnellen Szenenwechsel.

Frauen sind teuer

Eröffnungsszene: Zwei Männer stehen schweigend nebeneinander. Einer davon ist sichtlich etwas angetrunken, er schwankt ein wenig und hat den gewissen »leeren« Blick. Er rempelt den Mann neben sich an und fragt lallend:

Ottokar: »Sind Sie verheiratet?«

Franz: *(lacht)*
»Nein – nein, das kann ich mir nicht leisten.«

Ottokar: »Kann ich verstehen – meine Frau kommt auch ganz schön teuer. Letzte Woche wollte sie 200 Mark von mir haben, ein paar Tage später waren's 250, und heute morgen wollte sie gar 300!«

Ottokar: *(erstaunt)*
»Was macht sie denn mit dem ganzen Geld?«

Franz: *(nippt an seinem Glas, zuckt die Achseln und meint trocken)*
»Weiß ich nicht, ich geb' ihr ja nie was!«
(Er trinkt sein Glas in einem Zug aus)

Einen dreifachen Scotch, bitte!

Eröffnungsszene: Dieselben zwei Männer stehen nebeneinander; der Angetrunkene linst in sein leeres Glas und prüft, ob sich noch ein Tropfen darin befindet. Er rempelt wieder den Mann neben sich an und fragt:

Ottokar: »He Sie, macht es Ihnen was aus, mir was zu trinken zu besorgen?«

Franz: *(ein bißchen unwillig)*
»Wieso besorgen Sie sich's denn nicht selber?«

Ottokar: *(resigniert)*
»Die wollen mir nichts mehr geben!«
(Er hält dem Franz das Glas hin)

Franz: »Na gut.«
(Franz nimmt das Glas)
»Was wollen Sie denn?«

Ottokar: »Einen dreifachen Scotch mit acht Eiswürfeln.«

Franz: *(will gehen, hält inne)*
»Glauben Sie nicht, daß das ein bißchen zuviel ist – in Ihrem Zustand?«

Ottokar: *(überlegt)*
»Na gut, dann einen dreifachen Scotch und nur fünf Eiswürfel.«
(Franz stutzt und geht ab)

Szenenwechsel: Der Betrunkene geht schwankend ab. Eine Frau schlendert langsam auf die Spielfläche, setzt sich auf einen Stuhl und blickt angeödet in die Luft

Sind Sie noch frei?

Eröffnungsszene: Die Frau sitzt gelangweilt auf ihrem Stuhl. Der Mann, der eben für den Betrunkenen einen Drink holen gegangen ist, kommt mit einem vollen Glas zurück und stellt fest, daß der Mann, für den das Getränk bestimmt war, verschwunden ist. Er sieht die Frau und geht auf sie zu:

Franz: »Entschuldigung, darf ich Sie etwas fragen?«

Hildegard: *(blickt ihn erwartungsvoll an und haucht)*
»Ja, natürlich.«

Franz: »Sind Sie für die nächsten Tänze noch frei?«

Hildegard: *(lächelnd)*
»Aber ja doch.«

Franz: *(charmant)*
»Das finde ich ja wunderbar.«

Hildegard: *(kokett)*
»So, finden Sie?«

Franz: »Ja sicher. Da können Sie doch auf meinen Drink aufpassen, solange ich tanzen gehe.«
(Hildegard zieht ein langes Gesicht)

Das 3-Minuten-Ei

Eröffnungsszene: Ottokar, der inzwischen Kostüm und Rolle gewechselt hat, stürzt freudig auf Hildegard zu, die immer noch sichtlich enttäuscht ist:

Ottokar: *(freundlich plaudernd)*
»Ach Liebling, da bist Du ja. Gut, daß Du Dich so nett amüsierst.«
(Er nickt dem Herrn neben ihr freundlich zu, dieser nickt zurück)
»Ich weiß, daß es schon spät ist, aber ich verspreche Dir, daß wir in 10 Minuten gehen können. Ich muß nur noch mit Herrn von Vittinghoff etwas Geschäftliches besprechen.«
(Er wendet sich ab um zu gehen, hält aber dann inne)
»Ach, bevor ich's vergesse Dir zu sagen, Liebling. Morgen zum Frühstück hätt' ich gern ein $4^{1}/_{2}$-Minuten-Ei.«

Hildegard: *(erstaunt)*
»Wieso denn das? Sonst willst Du doch immer ein 3-Minuten-Ei.«

Ottokar: »Richtig, aber morgen möcht' ich ein bißchen länger schlafen.«
(Er geht ab)

Wie fanden Sie denn die Party?

Eröffnungsszene: Ottokar kommt zurück:

Ottokar: *(zu seiner Frau)*
»So, Liebling, Du kannst Deinen Mantel holen, wir können gehen.«
(Die Frau geht ab)

Franz: »So, Sie wollen schon gehen? Wie hat es Ihnen denn auf dieser Party gefallen?«

Ottokar: *(verächtlich)*
»Gar nicht.«

Franz: *(besorgt)*
»Und warum nicht?«

Ottokar: »Es war stinklangweilig, das Essen war scheußlich und die Gäste – einer blöder als der andere!«

Franz: *(schmunzelt)*
»Das kann man wohl sagen!«

Ottokar: »Ich bin Ihnen auch sehr verbunden, daß Sie sich meiner Frau angenommen haben – sie wäre mir sonst vor Langeweile eingegangen.«

Franz: *(lächelt ironisch)*
»Aber bitte, bitte! Keine Ursache! Das ist ja schließlich meine Pflicht –
(er räuspert sich)
– als Gastgeber!«
(Ottokar stutzt)

Ende